直播带货
从入门到精通

梁达 罗中赫◎著

中国纺织出版社有限公司

内容提要

本书从基础讲起，系统地教给读者做爆款直播的方法和技巧。如果你是从来没有接触过直播的"菜鸟"级新手，想要现在开始做直播，不用担心看不懂，因为书中的讲解非常细致。从对直播优势的分析，到注册直播平台的账号、购买和使用道具、化妆、布置直播间、怎样讲话、对自身定位和分析，到制作爆款直播、在直播间带货、打造精品、凝聚粉丝，再到营销传播、流量变现、多方突破、延续爆款，书中都有细致的分析与讲解。保证你可以学到其中的精要，从一个直播新手，快速成为一个直播高手。了解直播，学会做直播，做爆款直播，对我们未来的发展只会有好处，不会有坏处，本书将带你全面了解直播带货这趟移动互联网时代的网络快车。

图书在版编目（CIP）数据

直播带货从入门到精通 / 梁达，罗中赫著 . -- 北京：中国纺织出版社有限公司，2022.4
　　ISBN 978-7-5180-9440-0

Ⅰ.①直… Ⅱ.①梁… ②罗… Ⅲ.①网络营销
Ⅳ.①F713. 365. 2

中国版本图书馆CIP数据核字（2022）第048059号

策划编辑：史　岩　　　　责任编辑：段子君
责任校对：王花妮　　　　责任印制：储志伟

中国纺织出版社有限公司出版发行
地址：北京市朝阳区百子湾东里A407号楼　邮政编码：100124
销售电话：010—67004422　传真：010—87155801
http://www.c-textilep.com
中国纺织出版社天猫旗舰店
官方微博 http://weibo.com/2119887771
天津千鹤文化传播有限公司印刷　各地新华书店经销
2022年4月第1版第1次印刷
开本：710×1000　1/16　印张：14.5
字数：185千字　定价：55.00元

凡购本书，如有缺页、倒页、脱页，由本社图书营销中心调换

序言

2020年是一个特殊的年份。在这一年，因为新冠肺炎疫情在世界蔓延，各行各业都受到了不小的冲击，而直播却因为不受地域和距离的限制，逐渐受到人们的青睐。很快，直播带货就成为了很多人的共同选择，直播比以前更加火爆了。2021年，直播的热度进一步延续。"万物可直播，人人皆带货"成了直播经济的真实写照。

当新冠肺炎疫情严重时，大家在家里不能出门，看直播似乎成了茶余饭后消遣的必做之事。而做直播，也不再只是普通"草根"的事，很多企业的大佬们也纷纷加入直播带货的行列中来，董明珠、雷军、周鸿祎……除了企业的大佬们，还有众多影视明星来带货。不仅如此，央视的主持人们也开启了直播带货。

"直播带货"算得上是2020年最火爆的词语之一，更有人将2020年称为直播带货的"出圈元年"。而直播带货所创下的销售业绩也是相当惊人，一场直播带货就能创下几亿元的销售额，让人惊讶、诧异。

根据《2020电商行业数据报告》显示，2020年1月至10月，我国新增直播相关企业超过2.8万家，是2019年全年新增数量的5倍。国家统计局数据显示，2020年1月至11月，全国网上零售额10.5374万亿元，同比增长11.5%。毕马威与阿里研究院联合发布的《迈向万亿市场的直播电商》预测，2021年直播电商仍将继续高速增长，规模将达到1.9950万亿元。

在直播异常火爆的时候，除了那些平时很少直播的明星和企业大佬们做直播的业绩显著，更加专业的直播人士——主播们在2020年也更加人气火爆了。很多网红主播都成了我们耳熟能详的名人，他们或者从自己一个人经营直播间到了平台的直播间，或者被官方认可和肯定，乘着直播带货的流行之风火遍大江南北。

直播在近几年如此火爆，如果你还不会做直播，那可有点跟不上时代了。不过，任何时候想要学直播都不算晚，因为它还会继续火下去，并且还会火很多年。

本书从基础讲起，系统地教给读者做爆款直播的方法和技巧。如果你是从来没有接触过直播的"菜鸟"级新手，想要现在开始做直播，不用担心看不懂，因为书中的讲解非常细致。从对直播优势的分析，到注册直播平台账号、购买和使用道具、化妆、布置直播间、学会直播话术和自身定位，到制作爆款直播、在直播间带货、打造精品、凝聚粉丝，再到营销传播、流量变现、多方突破、延续爆款，书中都有细致的分析与讲解。保证你可以学到其中的精要，从一个直播新手快速成为一个直播高手。

如果你是一个已经接触过直播的人，也同样可以从阅读本书中受益，获得系统、全面的直播分析，并了解到一些独到的见解。

如果你不想做直播，也可以看看本书，因为直播现在已经融入我们的生活，你应该对它有所了解，而本书将对你全面了解直播行业提供帮助。

其实，直播已经和我们每个人息息相关了。即便是老人，也可能会通过手机观看直播，更不要说年轻人。我们几乎每个人都有观看直播的经历，也都会被那些主播幽默风趣的表达逗得前仰后合，或为那些主播高超的技能所折服。众多直播软件已经成为每个人手机中的常客，我们不可能对它视而不见。

了解直播，学会做直播，做爆款直播，对我们未来的发展将会有很大帮助。即便你不打算走上直播这条路，直播行业那鲜活的思维、跳动的生命力

序言

也将给你带来猛烈的冲击，给你开启一扇万花筒一般的大门。

跟上时代的发展，去了解直播，不要对新鲜的事物不闻不问，要知道，它正在以爆炸式的速度疯狂成长，并将持续流行。本书将带你去领略直播的风采，把握它的脉搏，让你乘上这辆移动互联网时代的网络快车。

梁达

2022 年 2 月

目录

第一篇　深入挖掘直播优势

第一章　轻松搞懂直播营销

第一节　电商直播，让商品有温度　　3

第二节　娱乐直播，用欢笑创造价值　　4

第三节　游戏直播，抓住年轻人的喜好　　5

第四节　课程直播，知识和方法创造财富　　6

第五节　明确自身定位，做爆款直播　　7

第二章　向优秀网络主播取经

第一节　李某某凭什么成为某宝"口红一哥"　　9

第二节　李某某为什么能当选"年度影响力人物"　　10

第三节　"某某兄弟"怎样在全网火爆　　11

第四节　罗老师成为"大网红"　　12

第五节　某鱼主播"一条小团团某某"竟在某音火爆　　13

第三章　平台助你乘风而起

第一节　某手直播，接地气的超强感染力　　15
第二节　某音直播，用时尚引领潮流　　16
第三节　某鱼直播，直播界的人才摇篮　　17
第四节　某宝直播，电商直播带货传奇　　18
第五节　某讯直播，体育直播新态势　　19
第六节　某直播，明星直播引领者　　20

第四章　争当网红，做草根逆袭的典范

第一节　网红经济一直在延续　　23
第二节　主播都有成为网红的可能　　24
第三节　网红的营销能力堪比明星　　25
第四节　网红建立在实力基础之上　　26
第五节　成为网红之后要保持平常心　　28

第五章　学会借势你将无往不利

第一节　借助科技优势做营销　　31
第二节　结合流行元素做营销　　32
第三节　善于利用平台的推广功能　　33
第四节　将广告打到平台之外　　34
第五节　借助名人做宣传　　35

第六章　个人 IP 影响力十足

第一节　强大的 IP 带来超强的传播力　　37

第二节	用 IP 代表优质内容	38
第三节	粉丝黏性靠 IP 实现	39
第四节	用 IP 创造商业前景	40
第五节	用 IP 产生超强传播价值	41
第六节	打造一个 IP 生态系统	42

第二篇 从零开始学直播

第七章 账号是重要的第一步

第一节	在某手注册账号	45
第二节	在某音注册账号	46
第三节	在某鱼注册账号	47
第四节	在某宝注册账号	47
第五节	在某讯注册账号	48
第六节	在某直播注册账号	49
第七节	在某站注册账号	50

第八章 道具的钱不能省

第一节	固定支架与摄像头	51
第二节	摄灯、反光布、遮光板	52
第三节	麦克风选择要慎重	53
第四节	手机、计算机选好配置	53

第五节	防抖功能要做好	54
第六节	合理选择专业道具	55

第九章　好妆容让观众一眼就爱上你

第一节	做个造型百变的人	57
第二节	让你的表情来说话	58
第三节	嘴唇颜色要注意	59
第四节	粉底选择有技巧	59
第五节	穿着打扮要合理	60

第十章　摄像角度让你更上镜

第一节	正面让人更自信	63
第二节	侧面显示操作力	64
第三节	根据脸型定俯仰	65
第四节	颜值高者近距观	65
第五节	生活细节宜远看	66

第十一章　精心布置的直播间吸引力十足

第一节	干净整洁是基础	69
第二节	多用配饰来装饰	70
第三节	整体氛围和直播内容匹配	71
第四节	清新风格适合娱乐	72
第五节	产品展示适合电商	73

第十二章　户外直播要特别注意

第一节	信号不稳是大忌	75

第二节　视频高清才吸引人　　　　　　　　　76

　　第三节　防抖也需要特别注意　　　　　　　　77

　　第四节　降噪处理要重视　　　　　　　　　　77

　　第五节　光线处理要做好　　　　　　　　　　78

第十三章　主播说话是一门艺术

　　第一节　说话委婉，让观众如沐春风　　　　　81

　　第二节　幽默风趣，让直播不枯燥　　　　　　82

　　第三节　大气包容，让观众欣赏　　　　　　　83

　　第四节　话语真实，不欺骗观众感情　　　　　83

第十四章　精准定位自身特色

　　第一节　寻找适合自己的直播内容　　　　　　85

　　第二节　以让观众高兴为目标　　　　　　　　86

　　第三节　理性分析个人的优缺点　　　　　　　87

　　第四节　打造属于自己的好内容"生产线"　　88

第三篇
做独一无二的爆款

第十五章　独一无二才是爆款

　　第一节　独特才艺显价值　　　　　　　　　　93

　　第二节　多来干货留观众　　　　　　　　　　94

第三节　深挖痛点，满足需求　　95

第四节　行业顶尖即独特　　96

第十六章　直播方向要明确

第一节　用幽默吸引观众　　99

第二节　做生活的贴心帮手　　100

第三节　做知识传授者　　101

第四节　用才艺抓住眼球　　102

第十七章　玩转直播营销

第一节　某手小黄车你会挂吗　　103

第二节　某音商店怎么开　　104

第三节　某宝直播带货方法　　104

第十八章　打造精品策略

第一节　了解视频火爆的原因　　107

第二节　灵感是做精品视频的关键要素　　108

第三节　精品打造要点　　109

第四节　执行到位你就是网红　　110

第十九章　把自己做成一个品牌

第一节　直播就是做品牌　　111

第二节　言之有物不空洞　　112

第三节　表现优雅的气度　　113

第四节　直播充满正能量　　114

第二十章　直播谨记流量为王

  第一节　流量是营销的最大保障　　115

  第二节　靠多元化吸引流量　　116

  第三节　合理利用平台引流方案　　117

第四篇
细节产生超强吸引力

第二十一章　直播前的准备让你人气爆棚

  第一节　开播之前先做个吸引眼球的封面　　121

  第二节　标题反复打磨，让它吸引人　　122

  第三节　开播之前打招呼，让粉丝都知道　　122

  第四节　在各大平台做推广　　123

第二十二章　小细节让你的直播充满魅力

  第一节　决不让直播间冷场　　125

  第二节　激情就是带动力　　126

  第三节　给粉丝足够的尊重　　127

  第四节　对粉丝真诚　　127

第二十三章　主播必学的互动妙招

  第一节　勤看评论勤回复　　129

  第二节　引导观众的话题　　130

| 第三节 | 与好友互动 | 130 |

第二十四章　直播内容胜在细节

第一节	精准把握直播内容的核心卖点	133
第二节	有好的脾气	134
第三节	营造轻松的氛围	135
第四节	有自己的原则	135

第五篇　好的传播是爆款必备

第二十五章　传播的核心观念

第一节	做爆款就要有传播	139
第二节	营销要围绕产品来定	140
第三节	找准用户的痛点	141
第四节	做用户的顾问	141

第二十六章　好的文案传播效果倍增

第一节	人们对有趣的事物毫无抵抗力	143
第二节	寓教于乐升华情感	144
第三节	带点干货才好推广	145
第四节	突出产品的特点	146
第五节	用好的图片文案	146

第二十七章　带动粉丝去宣传

第一节　粉丝的宣传无价　　　　　　　　　　　　　149

第二节　粉丝能让你火出圈　　　　　　　　　　　　150

第三节　粉丝宣传是真正无孔不入的宣传　　　　　　151

第六篇
让粉丝成为你成就爆款的法宝

第二十八章　粉丝经济永不过时

第一节　粉丝不会不值钱　　　　　　　　　　　　　155

第二节　注意培养自己的铁粉　　　　　　　　　　　156

第三节　粉丝是一点一滴积累起来的　　　　　　　　157

第二十九章　让粉丝尖叫是一种强大的能力

第一节　激发自身魅力抓住粉丝的心　　　　　　　　159

第二节　给粉丝来点激动人心的内容　　　　　　　　160

第三节　重情重义的人粉丝都喜欢　　　　　　　　　161

第三十章　传播正能量是核心价值观

第一节　直播必须符合国家和社会的核心价值　　　　163

第二节　传播正能量是每一个主播的责任　　　　　　164

第三节　以正规的媒体人来严格要求自己　　　　　　165

第四节　不为金钱迷失本心　　　　　　　　　　　　166

第三十一章　团结一切可团结的粉丝

　　第一节　粉丝不分高低贵贱　　　　　　　　　　　　167
　　第二节　任何粉丝都能帮你带来流量　　　　　　　　168
　　第三节　粉丝多自然会聚拢人气　　　　　　　　　　169
　　第四节　不强留粉丝，但要尽力挽留粉丝　　　　　　170

第七篇
变现才是硬道理

第三十二章　流量变现五大方法

　　第一节　直接带货，激发粉丝购买力　　　　　　　　173
　　第二节　植入广告，产生广告效益　　　　　　　　　174
　　第三节　提供课程或服务变现　　　　　　　　　　　175
　　第四节　让观众愿意打赏　　　　　　　　　　　　　176
　　第五节　导流变现　　　　　　　　　　　　　　　　176

第三十三章　各类型直播的变现方法不同

　　第一节　娱乐直播主要靠打赏　　　　　　　　　　　179
　　第二节　游戏直播可以卖周边　　　　　　　　　　　180
　　第三节　知识类直播卖课程　　　　　　　　　　　　181
　　第四节　电商直播直接卖产品　　　　　　　　　　　181
　　第五节　美妆直播可带货也可教学　　　　　　　　　182

第三十四章　变现要快，但不要急

  第一节　从做直播开始就要去变现　　183

  第二节　变现的心态不能太急　　184

  第三节　潮流让你更快变现　　184

第三十五章　变现策略要定好

  第一节　专注少数产品会更好　　187

  第二节　用福利吸引用户下单　　188

  第三节　通过对比体现自身产品的价值　　189

  第四节　让观众切实看到效果　　189

第三十六章　对黑心钱说不

  第一节　偷税漏税绝不能做　　191

  第二节　敷衍观众的钱不能赚　　192

  第三节　侵权行为不能有　　192

  第四节　违背道德的内容要拒绝　　193

第八篇　多方面突破，延续爆款

第三十七章　在内容和渠道上创新

  第一节　新鲜内容及时跟上　　197

  第二节　渠道运用紧跟潮流　　198

第三节 原创内容独具魅力　　　　　　　　　　　198

第三十八章　各平台多管齐下

第一节 某手、某音、某鱼、某站同时做　　　　201
第二节 音频平台也是很好的　　　　　　　　　　202
第三节 百度、微博也可选择　　　　　　　　　　202

第三十九章　跨界寻求新突破

第一节 和其他主播联合形成规模效应　　　　　　205
第二节 跨界寻找新突破　　　　　　　　　　　　206
第三节 突破圈子，全面谋发展　　　　　　　　　207

第四十章　打造产业链

第一节 将直播和卖货的整个链条打通　　　　　　209
第二节 娱乐与卖货共同发展　　　　　　　　　　210
第三节 相关行业的广告接起来　　　　　　　　　211
第四节 教学内容做一做　　　　　　　　　　　　211

第一篇

深入挖掘直播优势

直播在这几年非常火爆,很多影视明星、电视台支持人、企业家都来做直播。只要深入挖掘直播优势,几乎每个人都能从直播中获得可观的经济效益。

第一章

轻松搞懂直播营销

第一节 电商直播，让商品有温度

近几年，直播强势崛起，迅速火遍全国，甚至火遍全世界。直播以令人惊叹的速度"入侵"到每个人的生活当中，几乎每一个人都有过观看直播的经历。

当互联网兴起时，电商颠覆了传统商业模式。电商是互联网时代的新宠，虽然也发展了一些年，但实际上它依旧算是"新势力"。到了移动互联网时代，直播又成为了新宠。由于直播和电商都是依托网络进行，所以它们结合是比较轻松的，而且也能够擦出火花。

电商往往会给人一种"冰冷"的感觉，它不像传统商家那样有销售员，人们需要自己去电商平台浏览商品、比较商品，全程都是自己操作。这对年轻人来说或许没有什么，但对于年纪比较大、对互联网相对没那么熟悉的人来说，就显得不是很友好了。

直播和电商结合之后，形成电商直播。在电商直播中，主播就是销售员。有销售人员在带货，这不仅使电商有了温度，连商品似乎也有了温度。

电商刚兴起的那些年，一度非常火爆。现在虽然电商依旧有很大的体量，但无论是从销量的增长，还是从用户的增长，都难免有些颓势了。电商直播改变了传统电商的模式，给传统电商加入了"售货员"，也给传统电商注入了新的活力。人们惊喜地迎来了电商的第二次爆发。

一些有名气的主播可以带动商家的人气，而有名气的商家也可以捧红主播，主播和商家和谐共生、共同发展。消费者信任主播，就会愿意购买主播推荐的产品；消费者信任商家，也会因此相信主播。

电商直播的好处是看得见的，它的火爆程度也正说明了它是被观众和消费者认可的。2020~2021年，直播电商用惊人的热度证明了它的价值。在未来，随着5G技术的发展，移动互联网会更加深入我们的生活，电商直播也将持续火爆下去。

第二节 娱乐直播，用欢笑创造价值

人的生活不能只是娱乐，但完全没有娱乐，也是不行的。娱乐可以说是每个人生活当中不可或缺的一环，它让疲惫的心得到缓解，让忙碌的生活多了几点笑声。偶尔的娱乐，能够让我们放松身心，之后更好地去工作和生活。

移动互联网时代，碎片化的时间被越来越多地应用起来。娱乐直播正是利用碎片化的时间，给观众带来欢笑，创造快乐价值。娱乐主播就像喜剧演员一样，通过自己的努力，将欢乐传递出去。

现代人的生活节奏太快，不少人忙了一天之后已经非常疲惫，什么事情都不想做。这时，观看一段娱乐直播，可能让他开怀大笑，忘掉一天的劳累和烦忧。有些人在工作或生活中遇到了不顺心的事情，心情不好，看了娱乐直播的节目，心情会稍有缓解。

娱乐直播通常不会给人带来物质上的内容，不过却带给人们精神上的享受。传播快乐就是娱乐直播的价值，也是很多人喜欢娱乐直播的原因。

有些娱乐直播会在直播的时候给观众讲自己生活中的一些感受，里面夹杂着有趣的段子，有时候也有对一些热点事件的点评。这些主播语言风趣幽默，观点独特。观众会慢慢把他们当成朋友，看他们的直播就像是在和朋友聊天，在欢声笑语当中，就把无聊的时间变成了放松的时间。

娱乐直播带给人们精神上的享受，传播快乐，它会一直深受人们的喜爱，创造很高的流量。有流量当然也就有价值，只要善于开发，娱乐直播的营销前景是非常好的。比如，在直播中打一个广告，做一个推广，产生的广告价值将极为可观。主播如果能够将自己打造成一个品牌，开发一系列的周边产品，产生的价值会更大。

▶▶ 第三节 游戏直播，抓住年轻人的喜好

年轻人活泼好动，思想也非常前卫，所以游戏是很多年轻人都喜欢玩的。尤其是近几年手机游戏蓬勃发展，玩游戏的年轻人似乎越来越多了。

相关数据显示，2019年全世界游戏总收入约为1200亿美元，2020年全球游戏产业收入增长约20%，远超电影和体育业。尽管现在做游戏直播的主播已经有很多，但游戏直播的市场潜力非常大，依旧有很大的发展空间。

过度的游戏自然是不好的，会影响到正常生活，而适度的游戏则是生活中的调节剂。有时，通过游戏还可以锻炼人的反应能力，开发人的智力等。现在国家对于游戏的管控比以前更加严格了，几乎每一款手机游戏都推出了青少年模式，对于"防沉迷"的各项工作做得很到位。

当一款游戏流行起来时，它的赚钱能力当然也就会非常强，某讯的手机游戏"王者荣耀"在近几年十分流行，它是目前某讯游戏收入当中比重最大的游戏之一。很多年轻人喜欢玩"王者荣耀"，也正因如此，无论是

在某手、某音等短视频平台，还是在某鱼、某牙等直播平台，又或者是在某站等视频平台，有关"王者荣耀"的视频和直播内容都非常多，观众也很喜欢看。

观看直播的人当中，年轻人占很大的比重，所以做游戏直播也就能够抓住一大批年轻观众的心，为自己赢得人气和流量。要想抓住年轻人的心，只是游戏技术好并不一定行，关键是要有活泼有趣的风格，毕竟大家看直播都想要轻松一些。因此，虽然直播的内容是游戏，本质上，主播传递出来的依旧是积极和快乐。

做游戏直播，抓住年轻人的喜好，自然就能够积累下人气和流量。然后，无论是卖周边产品，还是卖教学课程，都能够创造出更多的价值。总之，在这个5G技术正不断成熟的移动互联网时代，只要能够有人气、有流量，直播变现就不会是难事。

▶▶ 第四节 课程直播，知识和方法创造财富

随着直播的兴起，人们对于通过直播学习也有很高的期待和需求。俗话说"活到老学到老"，我们每一个人都有学习的需求。尤其是在科技高度发达的今天，如果我们不学习，就很难跟上时代的发展和变化。

现代人经常需要学习，但生活和工作那么忙，很难抽出大段的时间来学习，课程直播类内容则解决了这个难题。有了课程直播，人们不必去教室里上课，在茶余饭后，在碎片化的时间当中，就可以通过直播来学习。

课程直播不受时间和空间的限制，让每一个人都能够轻松听到自己想听的课程。这对于想要学习的人来说，是一件天大的好事。所以大多数人都喜爱课程直播，也很支持这种授课的方式。人们愿意为课程直播花钱，只要能在课程直播中学到知识，他们就愿意做这种投资。

课程直播,实际上就是在销售我们的知识和方法,通过知识和方法创造财富。现代人经常会学一些知识和技能,所以课程直播会具有长久的市场。在做课程直播时,如果能把课程讲好,会逐渐积累粉丝,名气也会越来越大。很多想要学习的人可能会慕名而来,于是粉丝会像滚雪球一样越来越多。有了众多粉丝之后,课程直播所能创造的价值也会越来越大。

第五节 明确自身定位,做爆款直播

直播的内容有很多方向,电商直播、娱乐直播、游戏直播、课程直播……在诸多内容当中,找到适合自己的内容,然后把内容做好,这样才能在众多直播中成为爆款。人们的特点各不同,适合做的直播内容也不同。先明确自身定位,才能将直播做得更好,更容易做出爆款直播。

给自己定位其实并不是一件特别困难的事,找准自己的强项就可以了。

有的人头脑转得快,知道别人想要的是什么,所以很会说话,也很会讨人欢心。这样的人可以去做电商直播,在做电商直播时能够发挥出他的强项,说得观众很高兴,于是观众就更愿意下单购买。

有的人天生对娱乐类的内容比较感兴趣,平时也特别注意搜集一些段子之类的内容,积累了很多的幽默素材。这样的人如果去做娱乐直播,在直播时往往会很有料,很能逗观众开心,段子层出不穷。他们对于娱乐类内容很喜爱,对于这类内容也有自己独到的眼光,能把娱乐直播做得很出众。

有的人打游戏很在行,做一个游戏主播会很不错。观众会被他的高超技术吸引,来观看他的游戏直播。有的人虽然游戏技术不是特别高,但是玩游戏时花样百出,这样的人也可以做游戏直播,但不是以技巧取胜,而是以趣味性取胜。

有的人本身是教师,或者是某个行业的优秀从业者。他们将自身的知识和技术通过直播传授出去，往往会取得很好的效果。所以他们做课程直播会有很好的前景。

对于自身的定位要明确，从自己擅长的方向入手，做自己擅长的内容，这样更容易做出爆款直播。

第二章

向优秀网络主播取经

第一节 李某某凭什么成为某宝"口红一哥"

李某某作为这几年最火的主播之一,堪称是顶级流量,带货能力强到令人难以置信,简直就是一个"带货机器"。目前,他某宝账号的粉丝数高达6100多万,每次直播都有几千万人观看,有时甚至破亿。他在某音开通账号之后,粉丝迅速增长,到2021年5月底时,已经有4500多万粉丝,收到的点赞数量为3.1亿。

2019年,在某宝卖口红的主播李某某火了,有一段时间,网上流行他在直播时的"口头禅",包括"OMG"和"买它,买它"等,形成了一种网络热潮。在这一年,27岁的李某某年入千万,让很多主播羡慕不已。

2020年,李某某成为明星主播,开始在综艺节目上露面,也积极参与公益活动,被更多的人熟知。2021年,李某某依旧很火,带货能力在整个网络都称得上是数一数二。

李某某是怎么成为某宝的"口红一哥",又是怎么火遍全网的?答案是——勤奋。

李某某火了以后，很多人觉得是他运气太好了。其实，他的成功，运气只是一小部分，更重要的是他非常勤奋。大学毕业之后，李某某在工作当中一直非常勤奋。他在欧莱雅做彩妆师和销售时，销售额比大部分女销售员还高。在做直播时，他能够几个小时不停地进行口红试色，6个小时将380支口红试完。有时候，他因为试了太多的口红，嘴唇完全麻痹，失去了感觉，吃饭的时候嘴巴特别难受。他是一个"工作狂"，每次直播差不多都是6小时，一年能够累计直播389场。

在人气火爆的背后，在赚到很多钱的背后，李某某所付出的努力也是一般人无法达到的。实际上，很多优秀的知名网络主播都非常勤奋。要想在众多主播当中脱颖而出，自然不会特别容易。我们要从李某某身上学习他的勤奋，如果能够做到像他一样勤奋，那做出爆款直播是早晚的事。

第二节　李某某为什么能当选"年度影响力人物"

李某某在近几年可以说是一个网红"风云人物"，人气非常火爆，几乎每个人都听过她的名字。她的短视频非常受欢迎，2021年2月2日，李某某以1410万的YouTube订阅量刷新了由其创下的"YouTube中文频道最多订阅量"的吉尼斯世界纪录。

人气火爆是很多网红主播都有的特点，这或许"不算什么"，李某某还有更多与众不同的地方。2019年8月，她获得超级红人节最具人气博主奖、年度最具商业价值红人奖。2019年12月，她获得由中国新闻周刊主办的"年度影响力人物"年度文化传播人物奖。

作为一名普普通通的短视频制作者，李某某为什么能当选"年度影响力人物"？答案是——传播正能量。

李某某是一个很有想法的"90后"姑娘，她早在2016年就已经开始拍摄短视频了。那时候，她还没有什么人气，短视频的编导、摄像、出演、剪辑都由她自己来做。她的短视频主要是关于我们的衣食住行，其中以我们传统的美食文化为重点，展现出中国人民朴实而接近大自然的生活状态。

《中国新闻周刊》这样评论她：她是一位现实中的造梦者，也是一位让梦想成真的普通人。在乡野山涧，在春风秋凉的轮替之中，她把中国人传统而本真的生活方式呈现出来，让现代都市人找到一种心灵的归属感，也让世界理解了一种生活着的中国文化。她用一餐一饭让四季流转与时节更迭重新具备美学意义，她让人看到"劳作"所带给人的生机。

在很多网络主播将娱乐放在第一位，甚至有些"娱乐至死"的倾向时，李某某却在做回归传统、传播正能量的视频内容。这样的内容一开始可能不显眼，但它慢慢就会受到观众的喜爱，逐渐展现出它的无限魅力。

我们应该向李某某学习，在做直播的时候，去做正能量的内容，用正能量去感染观众，将正能量传播到每个人心里。

第三节 "某某兄弟"怎样在全网火爆

"某某兄弟"是人气很火爆的一对网红兄弟。他们本来是卖竹鼠的，后来通过做视频火了起来，人气变得非常高。"某某兄弟"为什么能够迅速在全网火爆？答案是他们的视频有别于普通的吃播类视频，趣味性十足。

"某某兄弟"平时主要的工作是竹鼠养殖，他们在养殖之余，会拍视频上传到网上，和网友们分享竹鼠养殖经验，也借助视频带大家体验一下农村生活的乐趣。

"某某兄弟"在养竹鼠之前，也和大多数打工者一样，在外漂泊了许多年。"某某兄弟"当中的刘某某认为一直打工不是长久之计，决定回老家做竹鼠养殖。在他的老家，有丰富的资源，环境很清静，还有免费的竹子，很适合养殖竹鼠。

刘某某自己进行竹鼠养殖，积累了养殖竹鼠的经验，后来胡某某找到他，两人一拍即合，开始一起养竹鼠，并制作相关视频。他们最初只是凭着自己的兴趣去做，并没有期待自己能够变成网红。刘某某表示，他们一方面是因为养竹鼠空闲时间多，想跟网友分享他们的农村生活、养殖经验，另一方面也想利用视频打开销路，让更多人知道竹鼠。

在还没与刘某某合作之前，胡某某已经拍摄过"三农"题材的视频。那时候，他对视频制作还不熟悉，从视频拍摄到剪辑整个过程全靠自学。由于视频的更新频率比较高，每天都要更新，所以在拍摄时也会碰到内容匮乏的问题。在不知道该拍什么好的时候，就去拍竹鼠。当时拍摄竹鼠视频的人很少，很多网友不知道竹鼠要怎么吃。"某某兄弟"的视频给大家展示了竹鼠的吃法，每次还要想出一个合理的理由，让吃竹鼠变得"理由充分"。比如，竹鼠中暑了、打架了、抑郁了、受内伤了，都可以变成吃它的理由。这些有趣的理由也成为了网友们口中好笑的段子，广为流传。

"某某兄弟"拍出了网友想看的视频内容，和其他视频内容有明显区别，并且趣味性十足。所以他们的视频很快受到网友的喜爱，并收获了很多粉丝。在年轻用户很多的某站，"某某兄弟"的粉丝数已达到630.4万，获赞数量4900多万。

第四节 罗老师成为"大网红"

罗老师是现任中国政法大学刑事司法学院教授，中国政法大学刑事司法学院刑法学研究所所长。2020年3月9日，罗老师受邀将自己的刑法课"搬"上某站，受到某站粉丝的欢迎和喜爱，仅仅两天时间便收获了百万粉丝。

很快，罗老师的刑法课内容便在网络上火了起来。他风趣幽默的讲课风格和他深入浅出的讲课功力，都深深吸引了观众。提到刑法，一般人会觉得离我们很遥远，或者觉得它是冷冰冰的。但罗老师让网友认识到，刑法其实和我们每个人息息相关，而且它其实也是很有温度的，是很"可爱"的。

罗老师的刑法课讲得风趣幽默，他的一些讲课内容也成为段子在粉丝之间流行起来。比如，罗老师经常会在讲解案例时给案例中的主人公取名为"张三"，于是"张三"便成为了大家公认的"工具人"，以后不管有什么事情都说是"张三"做的。在罗老师的视频中和直播时，弹幕中也经常会出现"张三"，让人觉得非常好玩。

截至2021年5月底，罗老师的某站粉丝数量已经高达1400多万，收获了4600多万的点赞。罗老师在2021年3月参加了综艺节目《吐槽大会》，将他风趣幽默的讲课风格带到了节目上，引得观众笑声不断。

教育不应该是冷冰冰的，特别是移动互联网时代的教育，更应该是人性化的、充满乐趣的。罗老师用自己风趣幽默的讲课风格，让刑法课被更多的网友接受和重视起来，也为普法做出了自己的贡献。

▶▶ 第五节 某鱼主播"一条小团团某某"竟在某音火爆

某鱼主播"一条小团团某某"在某鱼很火，由于她本身就在某鱼做直播，所以并不奇怪。而神奇的是，她在某音竟然也很火爆。"一条小团团某某"风趣幽默的直播风格，让她深受网友的喜爱。观看她的直播，总是能够让人开怀大笑起来，忘掉一天的烦恼。"一条小团团某某"能够在不同的平台都有很高的人气，说明主播跨平台发展也有不错的前景。

和大多数主播一样,"一条小团团某某"最初也是一个并不出名的小主播,那时候的她,想要得到推广和流量很不容易。她在直播时,主要以玩网络游戏"绝地求生"为主。当她将自己直播的内容录下来,做成短视频上传到某音之后,竟然意外火了起来。由于她的声音很萌,再加上她的"奶音"唱歌很好听,还喜欢以自言自语的方式和大家聊天,又经常有一些奇思妙想,所以她的短视频非常有趣。她的短视频总是能把大家逗乐,所以在某音上很快受到网友的喜爱,粉丝越聚越多。这些某音上收获的粉丝又到某鱼平台去支持她,去观看她的直播,她的人气便因此越来越高。

2019年6月30日,"一条小团团某某"荣获某鱼粉丝节冠军,最终获得1亿8千万荣耀值,成为某鱼历史上第一名获得该荣誉的女主播。2020年,"一条小团团某某"高德地图的语音包因为十分搞笑,在某音风靡一时。

"一条小团团某某"从做直播到火爆起来,只用了短短三个月的时间。可以说,在直播方面,她是一个难得的人才。虽然背后有团队在经营,但能够在这么短的时间里从众多主播当中脱颖而出,也需要自己具有强大的实力才行。"一条小团团某某"直播玩游戏时技术不算最好的,但她总是能够用自己独特的方式让观众开心。除了有趣的声音和自言自语之外,她还有很多段子在粉丝当中流传,也在网络上传播,这也帮她吸引到更多的粉丝。

同时在某鱼和某音两个平台上经营,最大限度地将潜在的粉丝吸引过来。"一条小团团某某"用双平台的策略,让自己迅速提高了知名度,也为自己成为知名大主播铺好了道路。

在这个全民直播的时代,主播太多了。内容好只是基础,要让自己脱颖而出,推广的方法也十分重要。学习"一条小团团某某"的成功经验,在不同的平台去做推广,能够更快招揽粉丝,让自己迅速火起来。

第三章

平台助你乘风而起

▶▶ 第一节　某手直播，接地气的超强感染力

2016~2021年，直播一直都很火，热度也是有增无减。在直播平台中，"某手"是知名度相当高的一个，它的短视频内容朴实无华、十分接地气，也正因它这样的特性，对普通观众产生了非常强的感染力和吸引力。

这几年，很多年轻人都在玩某手，不但看某手的直播，自己也录某手视频。某手为什么有如此强大甚至可以说是"魔性"的吸引力呢？

"某手"的前身为"GIF某手"，后来更名为"某手"，它是一款短视频应用。用户可以通过某手将自拍的视频传到网上，这样其他人就能在某手上看到用户上传的视频了。现在智能手机的拍照功能越来越强大，人们甚至可以用手机代替相机去记录生活中的点滴。而随着网速越来越快，5G网络逐渐铺开，人们碎片化的时间用来看短视频成为非常好的选择。我们已经从读文字、读图片的时代走过，进入了观看短视频的时代。与文字和图片相比，短视频观看起来更为直观和方便，因此迅速赢得观众的喜爱，拍摄某手短视频和观看某手短视频也迅速在普通人群中盛行，尤其是在广大农村地区备受欢迎。

拍摄某手短视频的操作很简单，上手容易，甚至连农村上了年纪的老爷爷、老太太都能够拍摄一些段子，将农村原汁原味的生活状态通过短视频展现给观众。

某手从一开始就是一个记录和分享生活的平台，里面的视频和直播内容，通常都是十分接地气的，贴近普通人的生活。这使得它总是能够给人一种亲切感，让广大用户爱上它。某手的用户不断增多，全球超过4亿用户使用，每天数百万的原创新鲜视频。在这里，人们能够发现真实有趣的世界。

如果你想要看遍世间美景，阅尽人生百态，并不一定要出门远游，通过某手的短视频也同样可以做到。一个全民拍摄短视频的时代由某手平台拉开序幕，而现在，某手平台依旧是最受大家喜爱的短视频平台之一。

第二节　某音直播，用时尚引领潮流

在众多短视平台当中，除了某手之外，某音也绝对算得上是最火短视频平台之一。在某音上，不但有很多"草根"主播，还有不少影视明星的加盟。普通主播每天上传一些有趣的短视频，让某音变得非常活跃和有趣，影视明星在某音上发布一些短视频，则让某音显得更加高端，也吸引了众多明星粉丝的"围观"。这样一来，某音的热度一下子就起来了，名气也越来越大，很多用户都被吸引到某音平台。

一个短视频软件火爆，除了它自身很有"料"、质量过硬之外，好的广告宣传也是很重要且必不可少的。某音之所以能够成为一个非常火的短视频软件，和它出色的广告宣传密不可分。

在2020年春节期间，众多贺岁电影撤档。某音抓住这一机会，给观众提供了免费的电影，将徐峥导演的电影《囧妈》搬到了自己的平台上，请观众免费看电影。这是国产贺岁档电影首次在网络上播映。某音的这一举动引领了电影放映模式的新潮流，同时也给自己做了一个非常好的广告推广。在春节期间，有很多人宅在家里，没办法出门，在某音观看电影的人非常多，某音为自己收获了很高的人气。

在很多短视频平台上，用户一开始通常都是使用短视频来吸引观众，等到吸引了足够多的观众，也拥有了很多粉丝之后，用户就开始做直播活动，通过直播来赢得粉丝的打赏。某音除了有短视频之外，也有直播的功能。不过，总体来说，大多数人看的还是短视频，因为不是每个人都有时间去等待观看直播，而短视频，人们随时都可以看。相对于直播来说，短视频更有一种普适性的优势。

短视频软件有很多，某音能够从众多的短视频软件当中杀出，原因在于它独特的优势。某音的一个优势是它的年轻化。有数据显示，某音用户的年龄普遍比较小，24岁以下的用户数量占比85%以上。年轻用户通常都是非常活跃的，这让某音能够拥有很强的吸引力，得到更多年轻人的认同。

▶▶ 第三节　某鱼直播，直播界的人才摇篮

某鱼直播是很受年轻人喜爱的一个直播平台。从目前某鱼的主要直播内容来看，某鱼是一个以游戏直播为主的直播平台。但这种情况并非某鱼的本意，它一开始是准备打造一个内容覆盖更为全面的直播平台，正如它的那句宣传语"某鱼——每个人的直播平台"一样，这才是某鱼最初想要成为的样子。

某鱼之所以叫某鱼，据说是从泰国斗鱼受到的启发。泰国斗鱼凶猛好斗，只要两条雄鱼碰面，某鱼平台就是要某鱼这种"一山不容二虎，一水不容二鱼"的精神，要做就做直播平台当中的老大，要争就争做直播平台中的第一。

短视频近几年异常火爆，某鱼也和其他直播平台一样，在短视频刚刚兴起时就推出了自己的短视频版块。由于有着丰富的直播内容经验，某鱼做短

视频做得也非常不错，用有趣的游戏短视频，吸引了非常多的年轻人。当然，短视频吸引流量只是一种手段，某鱼真正依靠的依然是直播内容。

某鱼拥有众多直播内容板块，还有青少年模式，观众在观看某鱼直播时，能够比较放心。游戏直播在某鱼占很大比重，电脑端的网络游戏"英雄联盟"和"绝地求生"，手机端的网络游戏"王者荣耀"和"和平精英"，在这几年一直都非常火爆，在某鱼的直播当中也是十分受欢迎的内容。

在做好游戏直播的同时，某鱼的其他直播板块也做得很不错。有不少知名主播都是从某鱼平台上火起来的，如"一条小团团某某"等。某鱼培养主播和捧红主播的能力都非常强大，很多人都将某鱼当成是一个培养主播的大平台，而某鱼的直播内容也一直非常受观众喜爱。

在某鱼做直播，背靠这个非常有实力的大平台，还能在这里锻炼与成长，是非常好的选择。

▶▶ 第四节　某宝直播，电商直播带货传奇

某宝直播是阿里巴巴推出的直播平台，定位是"消费类直播"，用户可以在这里一边看一边买，所覆盖的范围主要包括母婴用品、美妆等。

李某某是某宝直播的主播，他现在几乎已经成为了很多主播的榜样，也开始从单纯的直播带货向更多的领域发展。他之所以能够成功，除了自身的努力之外，和某宝的直播平台的支持也有很大的关系。

某宝直播早在2016年3月份就开始运营，观看直播内容的移动用户超过千万，主播数量超1000人，截至2021年5月，该平台每天直播场次超过500场，其中超过一半的观众为"90后"。

2019年1月，在某宝直播机构大会上透露，某宝直播独立APP将在2020年春节前正式上线。

定位于"消费类直播"手淘平台，女性观众占绝对主导，约为80%，而每晚8~10点不仅是收看直播最踊跃的时段，同时也是用户最愿意下单的时间——这似乎证明，女性追起直播也同样疯狂。

依靠短视频火了以后，papi酱首支贴片广告的拍卖会在北京诺金酒店举行，经过一段时间的角逐，拍卖最终以2200万的价格成交。某宝直播因此受到了用户的广泛关注。

李某某在某宝直播带货，卖口红卖成了用户眼中的"口红一哥"。李某某的火爆也让某宝直播受到了更多人的关注，带动了整个平台的人气，不但给自己创造了收益，也给整个平台带来了更多流量。

现在，在某宝直播进行直播带货，不用担心观众数量不足。主播只要用心去把自己的直播内容做好，迟早能够收获一大批观众。

在众多直播平台当中，某宝直播背靠强大电商平台，有电商的支撑，天然具有方便带货的优势。与传统的直播平台相比，某宝直播未来的商业前景更值得我们关注。

▶▶ 第五节 某讯直播，体育直播新态势

某讯视频2011年上线，到现在可以说已经是一个老牌的在线视频平台。某讯视频拥有流行内容和专业的媒体运营能力，是聚合热播影视、综艺娱乐、体育赛事、新闻资讯等为一体的综合视频内容平台。某讯视频通过电脑端、移动端及客厅产品等多种形态，给用户提供高清流畅的视频娱乐体验。

某讯的产品一直通过QQ和微信产生很强的联系，也拥有很强的用户黏性。用户通过微信或QQ账号就可以登录某讯的各种产品，使用起来非常方便。某讯的会员也能够让用户享受到更为广泛的会员服务内容，覆盖了影视、游戏、交通出行、即时通信等很多方面。高度的便利性，使得某讯的众多产

品深受用户喜爱，这对于某讯视频来说也不例外。事实上，从2018年开始，一直到2021年，某讯视频的会员都处在一个高速增长的状态当中，会员数量在众多视频平台当中是数一数二的。

内容方面，某讯视频始终全面覆盖热门内容，如《超新星全运会》《庆余年》《那年花开月正圆》《扶摇》《沙海》《如懿传》等。作为HBO中国独家官方播放平台，某讯视频还拥有美剧阵容。在实现国内院线电影新媒体版权全覆盖的同时，与派拉蒙、迪士尼、索尼、环球、福克斯、华纳进行深度合作，搭建中国电影片库。

某讯视频呈现出一种年轻化的状态，它的视频内容非常符合年轻人的喜好，吸引了很多年轻人的目光。相对于其他类型的直播内容，体育直播在直播界并不是很多见。但在年轻人当中，喜欢体育、热爱运动的人有很多。某讯抓住这一点，做体育直播内容，取得了很好的效果，收获了大批年轻观众。

《超新星全运会》是某讯制作的明星运动会活动，从第一季开始就收获了很高的关注度。人们越来越习惯于在某讯观看体育类的直播内容。年轻人大多数都有QQ号和微信号，用起某讯的视频软件很方便，这也是某讯直播的巨大优势。

第六节 某直播，明星直播引领者

某直播从诞生那天开始，仿佛就"星光璀璨"。某直播经常会有影视明星进行直播，是一个聚集超高人气明星大咖、美女帅哥、热门网红、校花校草、可爱萌妹的手机直播社交平台。由于众多明星的加盟，某直播很快收获了大量的人气，在众多的直播平台当中脱颖而出，成为喜欢观看明星类视频的观众所青睐的对象。

第三章
平台助你乘风而起

某直播是一下科技旗下的一款娱乐直播互动APP。与其他直播平台相比，它上线的时间比较晚，在直播平台已经有很多时才姗姗来迟。虽然与大家见面的时间比较晚，但它一出手就气势不凡，拉来众多影视明星加油助阵，一路的发展也是高歌猛进。

某直播出现时，直播平台之间的拼杀已经十分残酷。在直播平台越来越多的同时，每一家直播平台都在想办法从众多对手中杀出，想尽办法要搞点新鲜的内容，让平台更受关注。但是，套路虽然有很多，大部分却早就被人用过了，很难再给见惯了套路的观众们带去新鲜感。

就在各直播平台为凸显自己忙得焦头烂额却收效甚微时，某直播却不慌不忙，大招频发。从上线开始，某直播就以奇迹般的速度在娱乐圈里跑马圈地，等别人回过神来它已经圈完了。有众多明星加盟，某直播的知名度一下子就上来了，并且在众多直播平台中显得特别独特。年轻人很多都有追星的习惯，看到明星们频频在某直播做直播，也就跟着下载和使用某直播，某直播的人气越聚越多。

某直播刚上线不久，便请当时人气十分火爆的影视明星贾某某加盟，贾某某还当上了某直播的首席创意官。贾某某曾在小咖秀创下不俗的战绩，被大家戏称为"小咖秀之王"，有20亿点击量的光环在身，号召力自然是非常强的。贾某某加入某直播之后，不但邀请很多娱乐圈好友过来助阵，还亲自开直播，采访一众人气高涨的明星，为某直播造势和积攒人气。

直到现在，很多明星都喜欢在某直播做直播。在明星们做完直播之后，直播的过程可以整体保存成视频，让没来得及观看直播的粉丝也可以看到直播内容。这一点，深受粉丝的喜爱，也为他吸引来更多的流量。

在某直播做直播的优势很明显，那就是这里有很多喜欢关注明星的观众，他们通常比较年轻，喜欢新鲜的事物。如果目标观众是这类人，可以优先考虑在某直播做直播。

第四章

争当网红，做草根逆袭的典范

▶▶ 第一节 网红经济一直在延续

尽管"网红"这个概念早就不是新鲜的概念了，但它却一直有着十分旺盛的生命力，始终受到网友们的喜爱，也总是能够收获巨大的流量。网红听起来并不符合人们传统的价值观，有些网红难免有哗众取宠之嫌。但是，如果能够利用好网红，同时确保自身的内容是积极健康的，那么成为网红就是个非常好的自我营销方式。

在直播还没有流行之前，网红往往是成为人们一时兴起的谈资，过几天就忘在了脑后。但随着直播的发展，网红已经不仅仅是人们口头的谈资，也是人们持续关注的对象。通过直播，网红能够收获很多粉丝，像个明星一样成为焦点。网红从以前的非主流变成了一个接近主流的趋势。

现在直播已经从网络直播变成了大众媒体直播，网红也从线上火到线下，甚至都有了自己的节日——网红节。这让很多平时不太关注网络的人大跌眼镜，忍不住自问：我究竟错过了什么，网红怎么突然这么厉害了？

网红之所以一改几年前边缘化的形势，受到人们的热烈追捧，主要原因很简单，就是网红经济。在网红经济和直播带货的影响之下，网红再也不是之前那种只搞搞娱乐逗人开心的状态，他们摇身一变，成了营销的主力之一，是其他人无法比拟的迅速吸金的利器。因此，我们可以看到，很多网络平台和传统媒体都有网红的身影，也经常有直播带货的新闻内容出现在我们的视线当中。

现在，随便在大街上找一个人问问，说不定就是一个做直播的网红。这是一个全民直播的时代，也是一个全民做网红、全民带货的时代。不仅普通人做网红带货，连企业家也去凑一凑网红带货的热闹。雷军、董明珠、俞敏洪，众多的企业大佬都去做直播带货，而且有些人直播带货的业绩非常惊人。

电商的发展，在让网购更便捷的同时，也给网红带来了更多的创收方式。网红们可以直接从粉丝手中得到打赏，还可以通过带货来将人气变现。智能手机的性能越来越先进，加之5G网络的普及，让越来越多的人可以在平时碎片化的时间里去关注直播内容，给网红们带来了足够多的流量。

网红经济其实和互联网一贯的经济模式差不多，都是利用流量产生价值。正因为有科学合理的内部逻辑，所以网红经济不会轻易过时，它会在很长的时间里将热度延续下去。

▶▶ 第二节 主播都有成为网红的可能

近几年，我国的网民数量呈现爆炸式增长的态势。网民的增多，使网络直播的人气也水涨船高。一个主播如果能够经营好自己的直播内容，就有可能吸引到大量的粉丝，在短短几个月的时间里变身成为网红，成为像影视明星一样拥有几十万甚至几百万粉丝的人。

网络直播平台让每一个普通人都有做主播的机会，也都有通过直播成为网红的机会。现在很多名气比较大、人气也比较高的主播，在最初基本上都是一个默默无闻的普通人，一个人气不高的小主播。他们通过自己的努力，将直播的内容做好，每天准时直播，勤勤恳恳地经营自己的直播间，最终通过不懈的努力成为人气很高的知名主播。

人们常说"万事开头难"，在最初做直播时，往往也要经历一段无人问津的时间。在这段时间里，可能你很努力地做好自己的直播内容，每天也按时直播，但观众的数量还是很少，粉丝也增长缓慢。这时，你可能会怀疑自己的能力，也怀疑做直播是否真是一条可以行得通的路。但是，如果你能够坚持下去，你所有的付出和努力都不会白费。在熬过这段时间之后，你在直播时表现得会更加自然，你对直播内容的把控也会越来越好。当你的直播能力变好之后，可能有一次的直播内容会很受欢迎，你一下子就吸引到了很多观众，粉丝迅速增长。在这以后，你的直播之路会好走很多，可能会迅速成为知名度很高的主播，粉丝数量也像滚雪球一样快速增长。

做直播和做所有的工作都是一样的，在最初的时候要经得起等待也耐得住寂寞，让自己慢慢积蓄力量，然后爆发出来，取得成功。每一个主播都有成为网红的可能，只要能够踏踏实实去努力，把自己的直播内容做好，成功就离你不远了。

第三节　网红的营销能力堪比明星

现在几乎所有人都已经接受并习惯了网购的模式，连农村里上年纪的老爷爷、老奶奶都可能会在拼多多等购物网站购物。在这种大环境之下，网红的营销能力被充分激发了出来。人们一边观看网红的直播，一边就可以直接点击链接购买网红推荐的产品，非常方便。与以往的网购模式以及其他经济模式相比，网红经济拥有更多的优势。尤其是一些大网红，他们的直播带货能力堪比明星。

为什么网红的营销能力这么强呢？其实主要有以下这三个方面的原因。

首先，网红直播有非常快的传播速度。即便是影视明星们，也经常要为没有话题，无法上热搜、上头条感到担忧。但是，网红们却经常成为新闻网站的宠儿，在热搜和头条霸占很久。除了媒体的宣传之外，还有粉丝和网友在网络上宣传。双管齐下使网红直播的传播速度十分快，令很多人羡慕。

其次，网红的定位往往非常精准。不同于传统的"广撒网，多捕鱼"模式，网红一般都在某个特定的领域持续深挖。所以，一般情况下，他们的粉丝纯净度都特别高。粉丝纯净度高，给网红经济带来了很多好处。比如，网红所传递出的信息能被目标群体更完美接受，很少出现信息发布以后被无视的情况。正因如此，在这个搞定目标用户、精准营销为王的时代，网红经济注定有它独特的优势。

最后，网红的形象十分平民化，仿佛他们就是我们每个人身边的朋友一样，非常接地气。不同于和我们距离感十足的影视明星，网红普普通通的感觉更容易引起网友们的共鸣。这一点非常重要，是网红取得成功的重要因素之一。移动互联网时代是普通用户逐渐成为消费主体的时代，网红立足普通用户之中，或者本身就是他们中的一员，自然更容易获得人心。在这样的优势之下，网红经济把平时"大人物"们所忽略的潜力巨大的平民市场迅速抢占了。

▶▶ 第四节　网红建立在实力基础之上

网红经济兴起之后，很多人都看到了网红的"吸金"能力，也都希望自

第四章
争当网红，做草根逆袭的典范

己能够成为网红。虽然我们说每个人都有成为网红的可能，但真要从众多网络主播当中杀出重围，没有实力也不行。网红除了主观的努力之外，还要建立在客观的实力基础之上。

在做直播时，有一些新人主播抱着侥幸的心理，想通过购买推荐和流量来上热门，以走捷径的方式迅速成为网红。购买推荐虽然是正确的做法，但也应该以优秀的直播内容为前提。直播内容好，当推荐给观众看到你的内容之后，观众才更容易点赞、收藏和评论。这样一来，你的这个推荐就买得"物有所值"。如果没有把直播的内容做好，则很难吸引到观众，尽管观众通过推荐看到了你的直播，但并会不去点赞，也不会去收藏和评论，甚至还可能只看了一眼就滑走了。那么，你购买的推荐就收效甚微，差不多可以认为是无效的。

有不少人没有搞清楚做网红的核心要素，以为做网红特别简单，只要能上热门、进入更多人的视线就行了。其实，做网红需要有很强的实力支撑，实力才是成为网红的核心基础和前提。有的人的一个作品上了热门，他的这个作品做得确实不错，但接下来的作品质量又开始下降，这也很难留住粉丝，人气会逐渐降低，不能成为真正长久的网红。

想要成为一个网红，首先要有高质量的作品，然后将作品推上热门，以此来吸引观众，将观众变为粉丝。这个上热门的作品应该在高质量的作品中精选出来，这样观众才会真正被视频吸引，继而从"路人"变成粉丝。拥有了流量和粉丝之后，接下来的作品也得是高质量的作品，这样粉丝就会留下来，慢慢变成"铁杆"粉丝。随着粉丝越来越多，作品上热门的情况也会越来越多，逐渐就成为了有实力的网红。

如果没有实力，不能做出高质量的作品，不能持续推出高质量的作品，很难一直坐在网红的位置上。一两个热门的作品不一定能起到作用，连续不断的好作品，经常有热门的作品，效果才会更好。

第五节　成为网红之后要保持平常心

在成为网红之前，大部分人都能够忍耐和等待，保持平常心。大家都在一个起跑线上，人气低一点没什么，继续努力就可以了。但是在成为网红之后，大部分人的心态就会发生变化。他们觉得自己已经有那么多粉丝了，已经是个明星级的大咖了，可以不用像之前那么努力了，于是就变得飘飘然起来，做视频时也失去了一开始的认真和耐心。

有的人变成网红以后，不再像以前那么平易近人，开始和粉丝有了距离，对粉丝也没有以前那么爱惜了，于是就会说一些伤害粉丝感情的话，做一些伤害粉丝感情的事。当粉丝提出意见之后，他们也没有以前的耐心了，不去听取粉丝的意见了，可能会选择无视或反驳，渐渐变成了不再和粉丝有合理沟通的"孤家寡人"。这样一来，想要继续提升自己，想要吸引更多的粉丝，就变得很困难了。

成为网红以后，应该告诫自己，不要脱离粉丝。应该保持平常心，始终和粉丝站在一起，和粉丝保持正常的交流互动，并不断学习和进步，提升自己的视频质量，才能一直将优秀维持下去。

人总是在不断学习中进步的，学习不仅是读书，也不仅是跟着老师学习。尤其是对于主播来说，粉丝也是非常好的学习对象。粉丝当中有各种各样的人，他们的意见往往非常宝贵。如果主播高高在上，不听粉丝的意见，就会和很多"金玉良言"擦肩而过。相反，如果主播时刻保持一颗平常心，不觉得自己有什么了不起，虚心听取粉丝的意见，就能做到"兼听则明"，让自己变得越来越强大。

做直播营销，除了学习相应的直播营销知识之外，还应该多从竞争对手身上学习。成为网红之后，可能觉得竞争对手都不再是威胁了，也不值得在意了。其实不是这样，我们应该去研究自己的竞争对手，从他们身上我们能够学到很多东西。了解你的竞争对手，学习他的优点，对他的缺点引以为戒。这样你就能够产生更多的优势，在竞争当中处于有利地位。

主播再红也不应该飘，要保持平常心。找到自己的优势点也找到自己的不足，去提升自己的优势，去弥补自己的不足。多听粉丝的意见，和粉丝保持亲密关系，去学习竞争对手的优点，了解竞争对手的缺点并引以为戒。

越是在成功的时刻，越应该保持平常心，这样才能走得更稳健，也走得更长远。很多网红总是很快就过气了，很大一部分原因就是他们无法保持平常心。能够做到始终保持一颗平常心，你就会与众不同。

第五章

学会借势你将无往不利

▶▶ 第一节　借助科技优势做营销

移动互联网时代有非常多的机会，如果能够抓住机会，人们就可以在一夜之间火遍网络。有了热度，吸引到流量，做营销就事半功倍。以前这种一夜之间就火遍全网的机会是比较少的，想要成名都需要去慢慢积累，但现在只要一个视频上了热门，就有可能收获几万的点赞和众多的粉丝。

借助科技的优势做营销，能够让你的营销内容显得与众不同，在被观众看到时眼前一亮。那些因科技感而分外新奇的内容，更容易让人觉得很厉害，继而产生喜欢。只要你的一个短视频或一次直播能够火起来，你的人气就会大涨，今后的直播也就更容易获得流量了。

有的主播用银行的智能机器人做短视频内容，直播时也用智能机器人直播。智能机器人非常聪明，能够和人正常地交流对话，声音奶声奶气的非常好听，回答的问题也让人感觉很有趣。当有人逗它时，它也会表现得很幽默和机智，让人觉得又新奇又可爱。在某音和某手上，这样的短视频和直播都收获了很多人的喜爱。

有的主播在户外用无人机做直播，让无人机带着手机飞行，一边飞一边进行航拍。这样的短视频和直播内容也受到不少人的喜爱，让主播收获了众多粉丝。这里需要注意的是无人机的使用应遵守国家的相关规定。

有的主播做各种行业新产品的开箱、体验直播。当华为新出了折叠屏手机时，主播会购买一部折叠屏手机，然后直播拆箱，并给大家展示新手机的特点和功能。当苹果出了新的笔记本时，主播也会第一时间买到手，然后直播展示给大家看。新产品满满的科技感和新鲜感，赢得了观众的喜爱。

借助科技优势来做直播营销，能够让你的直播内容显得特别有科技感。在观众的认知里，你就是处在科技前线的人，和普通的主播有很大不同。观众会对你产生深刻的印象，也很容易变成你的粉丝。

▶▶ 第二节　结合流行元素做营销

流行的元素总是受到很多人的关注，无论是搜索量还是互动的程度都非常高。实际上，从互联网诞生之时起，网上流行的内容就会引领潮流。而到了现在，这种趋势更加明显。比如，在2020年秋天，"秋天的第一杯奶茶"这个热搜内容一下子火遍某音，使奶茶的销量大增。

流行元素的影响力非常强大，有时甚至能改变人们的思维方式，产生一种非常强大的"从众消费"行为。当一个内容流行起来时，在各个网络平台，在各种媒介上，都能看到它的影子。而你的直播内容和流行元素结合起来，就能够从这庞大的流量当中分一杯羹。

借助流行的元素做营销，往往能够起到非常好的作用，让你的直播内容受到更多的关注。需要注意的是，流行的内容起来迅速，落下去往往也很快。一般情况下，流行内容也就可以流行几天的时间，然后流量就会大减了。你应该多关注一下各个平台的热搜内容，在它流行的那段时间，尽快发布结合流行元素的内容，以充分利用流行元素的热度，达到更好的营销效果。

还有一点需要注意，就是当一个内容流行起来之后，观众在持续观看同质化的内容时，也会产生一定的审美疲劳。因此，在制作短视频或进行直播时，我们应该尽量将内容做得和其他人有些区别，要么搞一点新的花样出来，要么就做得比大部分人更精致。这样一来，人们在看到你的短视频或直播时，才会更欣赏你的内容。

需要注意的是，流行的内容有很多类型。有时，流行的内容是一个影视剧里的片段；有时，流行的内容是一个综艺节目上的段子；还有时，流行的内容仅仅是一张搞笑的图片。不管是哪一种类型的，都要尽可能和你直播的内容相结合，而且最好让这种结合更融洽，不显得刻意。

第三节 善于利用平台的推广功能

想要自己的直播收获更多的流量，拥有更高的关注度，推广是很重要的。大多数平台都会有相关的推广功能。

在某音上有一个"帮上热门"的功能。利用这个功能，用户可以通过付费来进行推广。

推广有速推版和定向版两个版本可供选择。速推版主要是将视频内容推荐给一定数量的人，而定向版则侧重于将视频内容推荐给可能对内容感兴趣的人。

在速推版当中，可供选择的项目有很多，可以推广给4千人、1万人，也可以自定义推广给5千至1千万人之间的数量，还可以选择希望提升点赞评论量或粉丝量。

在定向版当中，可以选择希望提升位置点击、主页浏览量、点赞评论量、粉丝量等。还可以选择投放时长,有2小时、6小时、12小时、24小时。系统会建议你,如果是500元以上的订单,建议投放6小时以上。在选择将视频推荐给潜在兴趣的客户时,可以选择系统智能推荐,也可以自定义定向推荐或选择达人相似粉丝推荐。

如果你的粉丝数量比较少,可以先将提升粉丝量作为自己的目标,也就是先"养粉"。等有了一定的粉丝之后,再将粉丝量和点赞量、评论量结合起来投。而在选择定向推荐时,智能推荐是大多数人喜欢使用的方式。

短视频和直播内容虽然容易受到人们的喜爱,但合理的推广是非常必要也非常重要的。合理使用平台推广的功能,让你的短视频和直播内容被更多的人看到,你的粉丝才能快速增长,进而取得更好的直播效果。

选择视频平台是一件非常重要的事,也是每一个做视频营销的人应该学会做的事。在选择视频平台时,一定不要全凭感觉,应该分析数据和客观事实,做到有依据地科学选择视频平台。

第四节 将广告打到平台之外

在平台上做推广,能够起到不错的推广效果。但如果想要变得更火,成为更"大牌"一点的主播,就不应该只是在一个特定的平台上做推广、打广告,应该继续向平台之外扩张,将广告打到平台之外。

现在的直播平台有很多,观众可能分散在不同的平台,如果只在某一个平台宣传,效果往往并不理想。将广告打到平台之外,在不同的平台引流,能够更快地将粉丝吸引过来。

某主播一开始在某音制作短视频,短视频的内容以做家常菜为主。他的视频质量很不错,每一个视频都用心制作,但一段时间之后,他并没有受到太多的关注,粉丝数量的增长也很缓慢。

这时，他想到了在其他平台也做宣传，于是，他将自己的视频发到了某站上。相对于某音来说，某站的视频时间可以更长，所以在讲解时也可以更为细致，观众看了以后能够学到更多的知识。主播的见解本来就很独到，各种做菜的细节也讲得很周到，因此，他在某站的做菜视频受到了网友的喜爱，很快收获了一大批粉丝。

在某站上有了足够的人气之后，他的某音账号粉丝数量也水涨船高，不断飙升。他开始在某音做直播带货，在某站上传视频吸引流量的模式。事实证明，这种模式是很不错的，为他源源不断地引来流量，也让他的直播带货非常成功。

直播带货固然能够为你带来收益，但只是在一个平台直播带货，有时候并不能很快地吸引流量。上例中的主播一边在某音直播带货，一边在某站用视频吸引流量，两个平台双管齐下，收到了很好的效果。

如果你只是想让自己的直播内容有一点点火，可以只在一个平台上做推广和宣传。但如果你的"野心"更大一些，想要成为更为优秀、拥有更多粉丝的主播，那你就不能"偏安一隅"，要将广告打到平台之外。

多个平台同时发力，能够最大限度地吸引潜在的喜欢你视频内容的观众，为你赢得更多的粉丝量。

第五节　借助名人做宣传

名人对于品牌热度的带动效果历来都是很强的，这也正是各个品牌都喜欢找名人来代言的原因。在2020年，众多明星、企业家等都来做直播，将名人做宣传的优势体现得淋漓尽致。

罗某某因为生意上的一些问题，身上背上了很多债务。2020年，罗某某开始做直播带货。以前他在北京新东方学校当过老师，凭借幽默的风格，很受学生的欢迎。他的口才在直播带货时也发挥出了非常好的作用，让他的直播间总是充满欢乐。

罗某某在讲解产品时，总是能够用幽默的语言将产品的特点解说清楚，并且一点都没有架子，和观众的互动非常好。观众觉得他平易近人，又幽默风趣，很喜欢看他的直播，也愿意在他的直播间下单购买产品。

罗某某在做锤子手机时，对于锤子手机的质量把控很严格。他本身就是一个有高度理想主义的人，所以观众对于他推荐的产品也比较放心，这使他直播带货的效果特别好，每次直播的成交量都很高。经过一段时间的直播，罗某某背负的债务就已经还了很多。到2020年6月时，他和江苏某某电子有限公司和解，之前的限制消费令也解除了。

名人本身就具有很大的引流作用，他们有一定的名气，还有不少粉丝，一旦开直播，就会吸引很多观众来观看。借助名人来做宣传，往往能够在一开始就有非常好的流量基础。如果这位名人在大众心目中的印象很好，观众就更愿意相信他直播带货的产品，流量转换成下单量的概率也会更大。

第六章

个人 IP 影响力十足

▶▶ 第一节　强大的IP带来超强的传播力

想要拥有超强的传播力，强大的IP是必不可少的。现在直播行业可以说是百花齐放，同行的竞争十分激烈。直播平台需要通过打造优秀的IP脱颖而出，主播同样也需要通过打造强大的个人IP来提高知名度，获得超强的传播力。

直播行业经过近几年的迅猛发展，同种类型的内容变得越来越多。直播内容同质化的问题显现出来，使得主播更难通过新颖的内容赢得观众青睐。在直播内容方面求新求变的同时，主播应该根据自身的特点，注重打造个人IP。每个主播都有自己的特点和直播风格，对自身特性深入挖掘，展现给观众独特的内容，让个人IP在观众心中形成深刻的印象。

各种类型的直播都有一些知名度比较高的IP，如传统美食类的李某某、直播带货类的李某某等。当一个IP拥有了超高的知名度之后，所带来的传播力和影响力都是非常强的。在提到某一类直播时，人们往往首先想到的就是这一类直播当中的知名IP。在选择观看直播时，也往往会优先选择知名的IP。

网络直播已经成为这几年最为火爆的内容之一，主播如雨后春笋般冒出来，主播之间的竞争也达到了白热化的程度。在众多主播的拼杀中，强大的IP能提升主播存活的概率。为自己打造出一个强大的IP，让观众一想到某一类型的直播就想到你，这是一个积极上进的主播应该格外重视的事。

打造强大的IP，有两个要素。第一个是有自身的特点，正如李某某通过一句"OMG"火遍网络一样，自身的特点能让你的知名度迅速提高。第二个是经营粉丝，让自己的粉丝越来越多，成为具有影响力的大主播。能够做到这两点，基本上你的IP就会变得强大起来，而你就会慢慢成为影响力超强的明星主播。

▶▶ 第二节 用IP代表优质内容

正如人们平时买东西关注品牌一样，观众在观看直播时也会去关注IP。IP就像是一个航标，能够迅速将目标群体吸引过来。在做直播时，要用IP来代表优质的内容，形成一种类似"品牌效应"的效果，获得超强的传播能力，吸引更多的流量。

我们都知道，直播非常火，可是，如果将直播和视频节目相比，它和那些大火的视频节目还是有一定差距的，高收视率的娱乐节目都比一般的直播节目要火得多。原因主要是这些节目已经形成了自己的IP，提到它们的名字时，观众就会觉得内容是优质的。

直播近几年非常火爆，一个优秀的主播其实是可以和电视台的节目相媲美的。直播和娱乐节目相比，并非不能达到那样的火爆程度。当直播和IP加在一起，用IP来吸引观众，就有可能出现像电视节目一样的火爆收视场面。其实，一些娱乐节目火起来之后，也就形成了自己的IP，用IP来代表优质的内容，也能像那些很火的娱乐节目一样，吸引更多的观众。

IP能够吸引观众，产生流量，却无法直接变现。直播可以收到观众的礼物，能够变现，但不一定有特别强的吸引力。IP和直播结合在一起，就能进行互补，充分发挥彼此的长处。

一方面打造自己的IP，这是很多直播平台都已经在做的事，另一方面就是和那些已经火的IP结合起来。已经火了的IP，本身就拥有很高的关注度，也有众多粉丝，能够产生巨大的流量。直播和这些IP结合在一起，就能产生非常好的效果。

▶▶ 第三节 粉丝黏性靠IP实现

要想把一项工作做好，没有工匠之心是不行的，直播也是如此。想要打造一个好的直播IP，就要用工匠之心去对待它，把它做好、做精。这样一来，观众就会对这个直播产生信任，知道它是优质的直播内容，一个拥有众多粉丝的IP也就逐渐形成了。

这些年，有不少以前很火的IP，改编成影视剧。这些影视剧当中，有些也火了，但更多的却是观众的收视热情不高，质疑声一片。然而，各种大IP改编影视剧的热潮几乎从未减弱。这也让本来火爆的IP成了一种泡沫，让观众对IP重新审视。但无论如何，经典的IP都会拥有它的粉丝，并且有非常强的粉丝黏性。

不仅影视剧是这样，互联网也同样如此。观众不再迷信IP，一个IP到底好不好，观众会根据实际的情况去判断，不会再盲目跟风了。

观众更加清醒，这其实是好事，因为它能让更多优质的内容脱颖而出，让那些劣质的内容无法再鱼目混珠。直播IP要想赢得观众的认可，获得更多的粉丝，就应该用工匠之心去打造它，让IP成为一个观众信得过的好IP。

一个拥有粉丝凝聚力的直播IP不是简简单单就可以打造出来的，它需要长久的努力，需要有认真工作的工匠之心。把内容做好，并持之以恒，用工匠之心去对待工作，将那份热爱注入工作当中。这样的直播，才是最有感染力的直播。这样去直播，才能打造出一个有影响力的直播IP。

▶▶ 第四节 用IP创造商业前景

直播IP其实就相当于一个产品的品牌，当IP火爆之后，提到这个IP，人们就会自然而然地联想到其实就是一个"造星"的过程，把IP打造成一个受众人欢迎的IP，把主播打造成受众人欢迎的明星主播。

要将主播打造成受众人欢迎的主播，需要培养主播、推广主播、提升主播能力等一系列内容，对平台的实力是一个很大的考验。如果平台具有打造明星IP的实力，是不愁没有优质的明星主播的。

要说直播行业的"造星"能力，不得不说某鱼和淘宝。

在直播刚火起来时，某鱼那强大的"造星"能力令人十分惊讶，很多人气很高的主播都是某鱼培养出来的，某鱼还因此被网友戏称为"直播界的黄埔"。在当时，虽然有些主播在某鱼平台上火了之后跳槽到其他平台，但某鱼很快就能将新的主播捧红，让人不禁感叹，"铁打的某鱼，流水的主播"。

某宝直播的"造星"能力不必多说，看看李某某，我们就能够感受到某宝"造星"能力的强大。

一个平台的实力，从根本上来讲，并不是拥有一两个人气很高的网红主播，而是拥有将普通主播培养成明星主播的能力，是能够不断地打造出明星IP的能力。直播的商业前景是用IP创造出来的，而打造明星IP的实力，才是平台需要格外重视的。主播可以离开，但只要平台具备打造明星IP的能力，就不用慌张，甚至可以说是立于不败之地。

从培养主播，到直播内容的推广，再到薪酬系统、直播带货链条的各个环节都要打通。这样一来，平台就是一个非常完备的系统，能够不断循环起来，打造很多明星IP。

一枝独秀不是春，万紫千红春满园。即便是没有像李某某这种"超级"明星IP，当平台有了很多"次级"明星IP时，平台也会变得非常成功。

第五节 用IP产生超强传播价值

广告的植入会影响观众的观看体验。在直播IP化时，植入广告会让这个IP的价值更好地体现出来。可是，植入的广告越多，观众的体验往往就会越差。软广还好一些，硬广通常是观众最为反感的一种方式。因此，在做广告时，要把握好广告的数量，并且尽量以软广的形式出现，以保证观众有比较好的观看体验。

如何将IP产生的流量真正转化为消费力。虽然IP对观众的吸引力非常强，也能够产生很大的流量，但是这些流量并不一定能够产生真实的消费。如何将IP所产生的流量变成真实的消费力，这一点是必须要考虑清楚的。如果不能做到这一点，就只是通过烧钱来打造IP，却不能够赚到钱，便无法长久。

主播被挖墙脚，会是巨大损失。将主播打造成一个很火的主播，产生IP效应，这会有很好的效果。可是，一旦这个主播被挖了墙脚，对直播平台来说也是巨大的损失。平台耗费巨资和精力打造出来的主播一旦被其他平台挖走，那么之前的努力全都付之东流。如何能够留住主播，让打造出来的主播IP真正发挥出价值，这也是应该考虑清楚的。

直播IP化给直播行业带来了新的发展，但同时也要看到它所暗藏的危险，这样才能真正在这个模式中获益。

第六节　打造一个IP生态系统

主播就像是明星一样，成为和平台签约的艺人，然后接受平台的培养和包装，向明星主播的方向迈进。这几乎和影视明星所走的路是一样的，区别只在于一个是拍影视剧，一个是做直播。

一个直播平台，如果只是依靠一两个网红主播，以及从别的平台那里挖人，是不能长久发展下去的。直播平台应该建立属于自己的直播IP生态系统，这样才是可持续发展的，才是长久之计。

有些直播平台并不是只着眼于直播本身，更在一开始就致力于培养和打造明星主播，这个方向是很正确的。把主播培养成明星主播，形成一个火爆的IP，既可以增加平台的用户数，也能成为平台宣传的一块招牌。其他主播看到直播平台有一套完整的培养主播的系统，自然也会慕名而来，愿意来这个平台工作。

有一些直播平台，只是消费主播，却不对主播进行培养，也不去想办法让主播的能力变得更强。当主播拥有了火爆的人气之后，就可能跳槽到其他平台去。这种事情在直播行业屡见不鲜。有的主播在火起来之后，就和原来的平台决裂，还闹得很不愉快。

如果平台有一个可持续发展的直播IP生态系统，一来不怕已经火了的主播离开，因为平台可以继续培养主播；二来主播能在平台学到有用的东西，也会舍不得离开。

第二篇

从零开始学直播

做直播虽然不需要学历和证书,但想要把直播做好,我们也需要从零开始去学习。当我们把直播的基础技巧学会以后,才能在直播这项新的事业中做得更好,走得更远。

第七章

账号是重要的第一步

▶▶ 第一节　在某手注册账号

打开手机，点击安装的某手图标，来到了某手界面，输入手机号注册。接着输入密码。输入密码后，就可以点击获取验证码。获取手机验证码后，输入密码，把我们的某手名称写好，接着选择性别。一切都填好后，点击右上方的"√"，即可完成注册。

某手的火爆，是每个人都能感受到的，因为在我们身边，总能看到在观看某手直播的人。

某手的火爆，是自媒体时代"草根"崛起的必然。虽然最初的时候难免有一些不太规范的内容存在，但那只是个别现象。现在直播行业的各种规范越来越多，平台的监管力度也越来越大，某手直播的内容越来越正规化了。

做直播和短视频，某手因为平民化而成功，它采取的也是"农村包围城市"的策略。但就因为它太成功了，成为人们谈论的焦点，批评的声音当然也会出现，但与此同时，争相模仿某手模式的平台也有不少。

有句话说得好:"算法是中性的。"直播平台实际上并没有低俗与高雅之分,它只是给了大众一个展示自我的舞台。大家喜欢看什么内容,就会多关注什么内容,这是市场的选择。

某手把握住了时代的脉搏,领悟了直播应该走大众路线的精髓,并且一直朝着这个方向不懈努力。这是战略的胜利,也是它能火爆的根本原因。

▶▶ 第二节 在某音注册账号

某音短视频已成为年轻人喜欢的一款APP软件,它不只有有趣的短视频,还可以发挥自己的创作,作为业余爱好。随着人们的喜爱热度的增加,某音短视频吸引了越来越多的小伙伴。那么新手下载某音短视频如何注册账号?

首先在手机下载某音短视频APP,然后打开某音,来到首页,点开底部的"我",进入账户设置。可以通过微信或者QQ登录,也可以直接用手机号注册登录。输入手机号码,填短信验证码,然后点下面的"√",确认注册。之后完善你的资料,填写你的昵称,性别和生日,然后打"√"确认。以上设置完毕就会来到你的个人主页了,你可以看到自己的昵称和某音号。

在个人主页的右上角有个三点标志,打开就可以查看你的钱包和完善资料,点击旁边的&可以邀请好友加入。

任何一个事物火起来之后,都会因为人们的关注而产生商业价值。直播的热度加上营销,简直就是直接将流量变现的法宝。把直播和营销加在一起,可以说是大势所趋。

直播一直站在备受关注的风口浪尖上,它功能上的每一次变化,内容上的每一次调整,都牵动着成千上万网友的心。直播和营销结合以后,产生的能量是爆炸式的,会在网友中掀起层层涟漪,荡起巨大的冲击波。

第三节　在某鱼注册账号

进入你的浏览器，找到一个搜索引擎，搜索"某鱼TV"并点击进入其中，来到某鱼TV的主界面。在这里的主界面，我们可以看到正在直播的一些游戏，在界面的右上角，可以看到一个注册按钮，点击注册，输入你想要注册的账号和密码。当然，也可以通过第三方软件注册，比如可以用QQ或者微博注册。

用QQ举个例子。点击右侧的QQ注册。这时系统会自动判定是否有你正在登录的QQ号，如果有，那么你只需要点击一下你的头像就可以了。起一个自己喜欢还能引起别人注意的名字。不过提示一下，最好要加一些符号，这样更容易直接取名成功，否则很有可能被占用。注册成功之后，可以看到刚才的注册标志的地方变成了你的账号名称。

还可以通过点击你账号的信息来修改和绑定一些内容，让你的账号更安全。

从目前某鱼的主要直播内容来看，某鱼是一个以游戏直播为主的直播平台。但这种情况并非某鱼的本意，"某鱼——每个人的直播平台"这才是某鱼对自己平台的定位。

第四节　在某宝注册账号

进入手机某宝APP首页，在淘页面上方可以看到搜索栏。在搜索栏中键入"某宝直播"进行搜索。搜索栏下方看到某宝直播的链接，在某宝直播链接的右上角点击"更多"。进入某宝直播的首页，在页面上可以查看直播间，然后在页面的右上角点击"…"的功能直达键。

在弹出的功能直达下拉子菜单中，点击"主播入驻"，弹出某宝直播的认证页面。入驻前必须先进行实名认证，证明是真人的存在。点击"我要认证"进入实名认证的授权声明页面，认真仔细阅读授权声明、了解声明的内容后点击"同意"进入人脸识别，根据提示完成人脸识别。

实名认证通过后，返回主播入驻页面，设置和填写个人相关真实信息，添加头像、设置昵称、介绍一下自己、绑定微博、添加一些照片及生活视频。个人的相关信息填写设置完毕，点击提交申请即可。这时提示"提交成功，请亲耐心等待"，等待审核就可以了。

申请成为某宝直播主播需要满足很多条件，如要入驻某宝达人，并且是认证的大V达人，申请成为某宝直播主播前还要发布一个视频等。某宝达人申请条件：绑定支付宝、支付宝实名认证、身份认证。

第五节 在某讯注册账号

微信最近对于公众号也内测了某讯直播的功能。现在可以在微信中申请使用某讯直播。那么，微信怎样申请某讯直播？接下来就介绍申请步骤。

打开手机微信，进入后点击"发现"进入小程序中。选择"某讯直播"进入，如果没有也可以搜索进入。在某讯直播界面，点击右上方的"…"图标进入，在下方的弹出列表内，选择关于某讯直播的选项。点击进入后，可以看到某讯直播的介绍，点击下方的某讯直播进入。

进入后，就可以看到申请内测的选项，点击该选项，在使用申请的表单中填写个人的相关申请信息，即可提交内测申请。

智能手机的系统越来越强大、运行速度越来越快、摄像越来越清晰，相应地，人们对手机直播也越来越喜爱。与此同时，各直播平台也纷纷开启了手机直播模式，有些直播平台甚至是以手机直播开始做起，之后才又引入电脑直播的。

手机直播有电脑直播无可比拟的方便属性，无论在什么地方，只要拿出手机，就可以做直播。它让更多的主播走出直播间，在大街上、在田野里、在更广阔的空间给观众们直播。主播们在日常生活中遇到好玩的事儿，或者突然心血来潮想要直播一下，随时可以拿出手机给大家直播一段。

微信几乎人人都有，使用某讯直播，快捷方便，非常容易上手。

第六节 在某直播注册账号

下载APP点击进入就会有登录或者注册页面，按照提示手机号注册，输入收到的验证码。

在手机应用商店搜索"某直播"下载安装。打开后登录进入，支持手机号登录、微博、微信、QQ直接登录。登录成功后可以查看自己关注的人，热门以及发现。在标题栏上方可以直接点击"搜索"，输入想看主播的昵称或ID。点击中间的相机按钮，可以选择"发起直播"或"手游直播"。手游直播需要下载安装一个"战鲨——游戏短视频"。点击"发起直播"后会出现某直播服务协议，认真阅读后点击"已阅读并同意协议"。认证方式可以选择"支付宝一键认证"或"其他认证方式"。在下方标题栏找到右下角"我的"，点击后在页面中可以看到自己的相关信息。

从某直播上线至今，已经有300多位明星在某直播和网友们见过面了，并且在今后还会有更多的明星来到某直播。有众多明星助阵，某直播风头强劲，在业内根本找不到对手，简直一手撑起了娱乐直播的半边天。

不仅现在的娱乐圈明星纷纷捧场，连以前"香港四大才子"之中的两位——倪匡和蔡澜也在某直播开了一个"蔡澜倪匡155会客厅"的节目。

某直播能有如此强大的明星号召力，让平时忙得不可开交的明星们特意抽出时间来做直播,源于它和微博有着千丝万缕的联系。某直播不像其他直播APP那样,它可以直接和微博链接,明星们的直播信息会自动在微博上面显示,粉丝们除了在某直播观看之外,在微博上也可以直接观看。

▶▶ 第七节 在某站注册账号

某站即"哔哩哔哩",它是一个非常专业的看视频发弹幕的网站,但是在某站内如果不是会员的话是没有办法发弹幕的。那么,某站怎么注册会员呢?

可以在百度搜索"哔哩哔哩"进行某站的注册。点击右上角注册按键。接下来需要填写邮箱进行某站注册,然后填写昵称、密码、验证码,勾选同意协议才会有某站注册提交按钮。利用邮箱注册"哔哩哔哩"账号,然后进行邮箱验证,验证通过之后,可以找好友要个邀请码,或者答题后升级为正式会员。

某站注册成功后,你就是"哔哩哔哩"的正式用户了。不过需要注意的是,注册的账号24小时内未进行邮箱激活,账号将会被自动删除。如果有邀请码,用户可以填入邀请码;如果没有邀请码,可以通过答题来获得邀请码。在答题之前,需要激活邮件。

值得一提的是,某站用户一般都是年轻人,所以它的那个答题内容,有时候让没有接触过某站内容的人有些摸不着头脑。不过,这份有趣的"考卷"虽然让很少接触年轻人喜爱的"网络文化"的人有些摸不着头脑,却很受平时喜欢逛某站的年轻人的喜爱。虽然不少人在做这份考卷时不能通过,但他们却屡败屡战,而且将通过这份考卷戏称为"毕业"。因此,要想通过答题成为某站的正式会员,还是要下一些功夫的。

第八章

道具的钱不能省

▶▶ 第一节　固定支架与摄像头

摄像头可以说是主播最重要的设备,主播能不能展现给观众最完美的一面,非常重要的一点就在于摄像头的功能强不强大了。摄像头拍摄的画面清晰并美化画面,就让主播的颜值大大提升,摄像头拍摄的画面模糊不清并且不能对画面进行美化,就让主播的颜值严重受损。

"工欲善其事,必先利其器",买个好的摄像头是很多主播都明白的事,但在网上搜索一下就会发现,摄像头的类型有很多。

目前,市面上的摄像头一般可以分成两种:红外线摄像头和高清摄像头。通常,为了能够更完美展现自己的靓丽容颜,在资金方面比较充裕的主播会选择高清摄像头。实际上,好的红外线摄像头和高清摄像头的效果差别不是很大,如果不是对摄像要求太苛刻,红外摄像头完全够用了。

在直播行业中,罗技C920、不得不爱C920、不得不爱6Plus等都是不错的选择,它们不但拍摄清晰,还有美颜等功能,拍摄出来的效果非常好,很多主播都在用。

好的摄像头虽然贵了一点，但它是主播聚集人气的关键，绝对值得在这上面多投入一点钱。只要有了人气，它所带来的价值将远超它的成本。

第二节 摄灯、反光布、遮光板

主播漂不漂亮，和灯光有十分重要的关系。

经常看到网上有人吐槽电视剧的打光，有些明星本来很漂亮，就因为灯光不到位，结果拍摄出来的效果非常不好，显得整个人又黑又老。相反，那些灯光打得好的，演员看起来就干净清新，甚至仙气十足。做主播也是如此，灯光好不好，会对颜值产生直接的影响。

在直播时，主播一定不要处在背光的位置，一定要让光线从正面投射到脸上。因为是在室内，还有些主播会在晚上观众有闲暇时间时开直播，所以自然光线是不够的，一般都要借助灯光。灯光除了从正面投射、充足之外，还应该柔和一些，不能让人产生炫目感，也不要光线太强导致人物看起来失常。

通常主播直播间有两种灯光，一种是主灯发出的光，另一种是补光灯的光。

1.主灯

直播间的主灯只需要一盏LED灯就足够用了，因为直播间通常不会很大，大概也就十几平方米，LED灯提供的光线完全够用。当然，假如觉得对LED灯的效果不满意，主播可以在直播间里做一些灯带，这样可以让效果变得更好。

2.补光灯

补光灯起到辅助作用，根据直播间内实际的灯光情况进行调节，让灯光状态达到最好。因此，补光灯应该选择那些可以对光源亮度进行调节的灯，功率可以适当大一些，以满足各种需求。

补光灯应该从主播身后投射到前面的墙上，让光通过漫反射到达主播身上。假如要制造一个软光的效果，让主播整个人看起来更加柔和，就要用到反光板。

3.灯光的冷暖

冷光和暖光给人的感觉是不同的，主播间的光要根据需要，选择合理的搭配方式。

第三节 麦克风选择要慎重

麦克风能够让主播的声音更清晰，减少杂音，这对于直播来说也是很重要的。好的麦克风是必不可少的装备。

俗话说"人巧不如家什好"，现在的软件很厉害，一个软件就可以解决你的需求。使用软件不需要专业的知识，基本每个人都能操作。就像以前的PS技术，需要专业的知识，但现在手机上的软件让每个人都会修图。手机上有很多软件，你不需要学会使用专业相机，手机上有很多软件，无论是画面特效的，还是声音特效的，抑或是其他内容的，你把软件用好，就足以把直播内容做得很出色。

不管你有什么样的优势，你要找到它，并想办法在直播中将它发挥出来。在你没找到这个优势之前，你可能觉得自己是个无用之人，哪里都比不上别人。一旦你找到这个优势，并将它发挥好，你就会发现，你也可以是万众瞩目的直播新星。

第四节 手机、计算机选好配置

手机、计算机的配置很重要。好的配置能够让直播更加顺畅。

形象在直播的时候非常重要，一个好的形象能够带给人一种更专业的感觉。干什么就要有干什么的样子，把形象搞好才能赢得观众的喜爱。在某种程度上来说，形象有时候比证书更管用，因为它关系着观众的第一印象，也等于决定着直播的生死。

实际上，形象在日常生活中对每个人都很重要，这我们都知道。但是，在做直播时，还是要对这件事引起格外的重视，因为在直播中，形象的重要性通过屏幕再次放大了。在直播的时候，大部分人都是看一眼就决定是继续看下去还是选择离开。如果主播形象好，他们可能就会选择留下观看，如果主播形象不好，他们有很大的概率转身就走。这一般来说是没有一点回旋余地的，因为直播的形式决定了观众不会给你机会向他们展示更多的内容。

还有一点需要注意，形象对女主播和男主播同样重要，并不存在女主播比男主播更需要注意形象的问题，男主播也不可以邋遢。在直播开始之前，应该先确定自己的穿衣打扮和妆容是否显得专业，然后调试好镜头，确保自己的直播画面是专业且美观的。

▶▶ 第五节 防抖功能要做好

防抖功能能够确保拍摄出来的画面更好，而好的画面有利于吸引观众的目光。

要想维持好的形象，就必须时刻注意，像明星那样要求自己。一般明星作为公众人物，在言谈举止方面都会小心谨慎。主播虽然和明星不同，但也拥有众多粉丝，应该像明星一样要求自己，才能保证自己的形象从始至终都维持在良好的状态。

形象看不见摸不着，却能够给主播带来非常大的影响。维持好形象，不但能够吸引更多的粉丝，让自己的直播营销越做越好，还能确保自己的直播间长久运营下去。形象会在粉丝心中产生好的长期的印象,无形之中产生巨大的价值,一定要充分重视起来。

有些人不懂形象比证书更重要这个道理。比如在面试时,他们不注重自己的形象,结果被老板认为形象太差,最后面试失败。在直播领域,形象更是比其他行业还要重要。如果你的形象不好,很难引起他们的兴趣。

做主播,一定要有注意形象的意识,把自己镜头前的形象维持好,甚至可以达到近似"洁癖"的程度。这样一来,观众就会逐渐接受这个美好的形象,并下意识认定主播是一个很优秀的人,他们就会成为主播的粉丝。

第六节 合理选择专业道具

从整体来说,服装颜色搭配合理,能带给人一种非常和谐的感觉,是非常好的视觉享受。服装的颜色搭配要注意以下几点:

1. 把握基调

对于一套衣服整体以什么颜色为主,这一点要把握住。这个主要的颜色要作为主色,面积要大于其他颜色。另外,其他颜色不要太过混杂。

2. 颜色要协调

如果一套衣服有一种特别深的颜色和一种特别浅的颜色,那么应该找一个中间色来过渡一下,这样才能达到协调的效果。

3. 上装和下装颜色相匹配

上衣和裙子、裤子等的颜色一定要相互匹配,这样才能给人浑然一体的感觉。如果颜色相互冲突,会给人一种生拼硬凑的极难受的感觉。

4. 穿着要符合规定

根据《互联网直播服务管理规定》,主播们的穿衣打扮是有特定标准的,不能逾越这个标准。

女主播们在直播时不可以穿尺度太大的服装，如深V、露背太多等一不小心就会走光的上装，以及超短裙、超短裤等一不小心就会严重走光的下装，更不允许露出内衣。

此外，穿警服、军服、法院制服、城管制服等工作制服，穿透视装、肉色紧身衣、情趣内衣等行为，也是严厉禁止的。

第九章

好妆容让观众一眼就爱上你

▶▶ 第一节 做个造型百变的人

主播应该经常转换自己的造型，这样在视觉上就会给粉丝们带来不一样的感觉，产生的新鲜感是最强烈的。尤其是对女主播来说，洋气时尚的打扮能让女主播们变得更有吸引力，经常变换造型，就会成为"百变美女"。风格百变，总有一款风格能让粉丝怦然心动。

某平台相关人员说，从这些年做直播方面工作的经验来看，真正资质特别好的主播非常罕见，往往是有自己的特点，有某方面特长的人，就已经足够成为一个网红主播了。因此，只要是发现哪个主播有与众不同的点，他就会千方百计把这个主播请到自己的平台，精心包装，让其变身为网红主播。

不同的妆容、不同的发型、不同的服饰，让主播具有了吸引不同喜好人群的本钱。

扎个马尾辫，穿上运动装，就是健康活力的风格；披肩波浪卷，婉约的连衣裙，就是温柔甜美的风格；可爱丸子头，简约时尚的服装，就是活泼开朗的风格；精美小礼帽，喜庆节日装，就是喜气洋洋的风格。

虽然造型对于直播的影响很大，不过我们自己还要明白，它并不是万能的。现在直播行业已经发展了数年时间，在火爆的同时，竞争也非常激烈。直播行业从来都不缺少帅哥美女，所以除了外表之外，我们还要注重自身的特色。一个有特点的主播，才更容易被观众记住，并有更多的机会火起来。

▶▶ 第二节　让你的表情来说话

主播其实和演员有很多相似的地方，都是在镜头前展示自己。主播的情绪不仅通过语言来传达，还通过动作和表情呈现。主播动作表情丰富，能带给粉丝非常好的感官体验，会觉得主播特别有活力、古灵精怪、神气活现。如果主播表情一成不变，动作也很少，观众就会觉得索然无味、平淡如水，并认为主播毫无特点。

在直播时，有经验的主播们会经常双手比心，表示对粉丝们的感谢。有的主播会俏皮地吐吐舌头、眨眨眼睛，有的主播为了表现自己可爱的一面，会捂嘴大笑，有的主播会向观众们做鬼脸，或斜眼做出"给你一个表情你自己体会"的表情等。

一个平时幽默搞笑的主播，总是跟观众和粉丝开玩笑。有一次直播，主播突然正经了起来，说话一板一眼的，好像突然变成了一个老学究。观众刚开始感到一阵错愕，接着就开始纷纷表示主播今天一定是"吃错药"了，有的说主播一定是受到了什么强烈的刺激，还有的说一下子正经起来，还真有点不习惯。大家都对这样的主播感到十分有趣，最后主播自己也憋不住笑了起来，整个直播间充满了欢乐。

第三节 嘴唇颜色要注意

在直播行业,"颜值即正义"是颠扑不破的一条真理。网友们点开直播界面,第一眼看到的就是主播的颜值。因此,要成为一个高人气的网红主播,首先要拥有高颜值。

嘴唇的颜色是很重要的,一个合适的嘴唇颜色,能够让主播整个人看起来都更漂亮。

俗话说"只有懒女人,没有丑女人",女主播只要懂得如何打扮自己,都能变身成为高颜值的美女。不仅是女主播,男主播懂得打扮自己,也能成为帅哥一枚。

不过对主播来说,高颜值也不一定完全是打扮出来的,更关键的还在于摄像头、灯光、背景等各种因素的处理。观众在看直播时,主要是通过镜头看到主播,所以主播们要想真正拥有高颜值,只会化妆打扮还是远远不够的。

化妆并非主播们的专利,明星、演员甚至普通人都每天化妆,所以在这里就不多说了。关键还是一些日常生活中接触不到,只有主播们才需要去注意的事项。

第四节 粉底选择有技巧

粉底对于主播颜值也是很重要的一部分,选择好粉底,能够让主播的脸色看起来更好。

主播的高颜值并不是脸蛋漂亮就行了,还要依靠众多条件的共同渲染。在直播中直播间的环境,尤其是直播时作为长时间占据屏幕后面大空间的背景,更是重要。很多主播会选择一个"卡哇伊"风格的背景,在身后摆上布娃娃、卡通玩具等东西，这样的背景让主播也显得可爱起来。

要让背景干净整洁，这样才能给观众留下好的印象。如果在外面直播，没有条件让背景太好，可以选择用一块幕布或是带图案的帘子来做背景。但是，不管选择什么样的背景，一定要尽可能避免太单调的背景，否则会拖累主播，连主播看起来也"寡淡"了。

第五节 穿着打扮要合理

主播的穿衣风格可以是百变的，但不管怎么变，都应该符合一个原则，就是"合理"。合理的穿着打扮，要符合大多数人的审美风格，这样能让人看着更舒服，也更爱看你的直播。

1. 首饰和脸型的搭配

如果是鹅蛋脸，这是标准的美人脸，基本上可以搭配各种首饰，根据个人喜好选择就可以了。不过要注意别选择看起来太过成熟的首饰，否则会给人一种老气的感觉，和以年轻时尚为主的直播格调不符。

如果是脸型略长的椭圆脸，可以选择用短一些的项链来中和一下。

如果是圆脸，就要尽量避免佩戴太圆的首饰和那种贴颈式的项链，否则会给人一种"哪都是圆的"的感觉。圆脸的人要选择长项链和长一点的吊坠，这样能让整个人显得更加协调。

如果是方形脸，则要用圆滑一点的首饰，比如椭圆形的项链、水滴形的吊坠等。不要佩戴方形、三角形等棱角分明的首饰，否则会显得整个人到处都是方的。

如果是瓜子脸，要选择圆的首饰，能平衡尖下巴，给人整体协调的感觉，可以佩戴短一点的项链、圆形吊坠等。同方脸一样，不要佩戴方形、三角形等棱角分明的首饰，否则会和尖下巴冲突。

2.衣领和脸型的搭配

和首饰一样,如果是鹅蛋脸,对衣领的要求不多,可以根据自己的喜好随意搭配。

如果是长脸,则要选择形状平一些的衣领,如一字领、方领等。这样,在视觉效果上可以中和长脸带给人的感觉。

如果是圆脸,要选择一些形状长一些的衣领,这样能够在视觉效果上有一种将脸拉长的感觉。不要选择圆领,否则即便佩戴了正确的首饰,也拯救不了观众的视觉了。

如果是方脸,要选择形状圆一点的衣领,这样能够让脸部轮廓显得柔和一点。

如果是瓜子脸,要选择圆领或小翻领等圆润一点的衣领,这样能平衡尖下巴产生的消瘦感觉。

第十章

摄像角度让你更上镜

▶▶ 第一节 正面让人更自信

对主播来讲,颜值非常重要,有时候能给直播带来极大影响。有的人觉得自己的颜值不是很高,担心观众看了不喜欢自己,所以不太敢去正面对着镜头。

有的人会用头发遮挡自己的脸,有的人会选一个侧面对着摄像头,有些更缺乏自信的人,甚至不敢露脸。实际上,这样就会传达给观众一个信息:你不自信。这只会影响到你的人气。当观众觉得你不自信时,他们很难喜欢上你,因为大家都喜欢和有自信的人做朋友,和主播交朋友也是如此。

其实世界上没有太丑的人,只要有自信,注意穿着打扮,在镜头面前看起来都不会太差。有些主播因为长时间面对屏幕,以及因为工作熬夜,皮肤比较差。不过,涂上一些粉底,再使用一下美颜,看起来并不会很难看。如果因为自卑而不敢正视镜头,反而因为不自信给观众留下不好的印象。

颜值对于主播来说虽然很重要,但自信所带来的气质更重要。自信的人自然而然就会散发出魅力,让主播在观众心里变得更美。

如果你真的很没自信，也要试着逼自己一把。既然要做主播，就不能害怕镜头。镜头应该成为你的朋友，让你打起精神来去正视它。当你逃避镜头时，你的妆容再美，也会因为失去自信而吸引力大减。

把镜头当朋友，正面面对它，在它面前展现一个真实的、自信的自己，你就能看起来更美。观众也会因此爱上你，和你成为好朋友。

第二节 侧面显示操作力

正面对着镜头，让人有自信。但是，在直播过程中，主播有时候需要有一些操作，比如带货的时候给大家做一些示范，描述一件事情时有一些肢体表现，做一些健身或舞蹈动作等。在这种时候，正面面对镜头的话，观众可能看不清你的动作。因此，往往需要侧面面对镜头，以使观众看得更加清楚。

侧面面对镜头，能够显示出你的操作力，将你的能力充分展现给观众。观众一开始喜欢一个主播，可能是从喜欢主播的颜值开始的。但当观众对一个主播熟悉以后，真正吸引他们的就会变成主播的能力和内涵了。始于颜值，终于能力和内涵，这才是让观众留下的正确方式。

有些主播正面看可能颜值不算是很高，但是侧面看的时候，身材匀称、侧脸很好看，整个人的气质就凸显出来了。尤其是在进行讲解时，处于认真工作的状态，更是天然有一种吸引力，能够让观众着迷。

如果你对自己的正面不是很自信，在勇敢地去正面面对镜头的同时，也可以多展现你的侧颜。通过侧面面对镜头，展现出你的侧颜和气质，同时通过充分显示你的操作力，对观众产生更强的吸引力。

无论是颜值型主播还是技能型主播，都会收获自己的忠实观众。只要保持自信，并将自己的长处充分发挥出来，就可以得到观众的认可，收获粉丝的心。

第三节 根据脸型定俯仰

拍摄人像时，除光线会对人物造型产生重大影响外，拍摄角度的变化也会使人物尤其是脸部造型出现不同的直观效果。

根据镜头对被摄者脸部所呈的不同角度，我们可粗略地划分出正面、三分之一侧面、三分之二侧面、全侧面等四种情况。

正面，指脸部正面对着相机，同镜头成零角度。它能给人以端庄稳重、对称和谐的感觉，使人物有真实感。但是，对于脸部器官有明显的不对称差异的，缺点将暴露无遗。若被摄者很胖，也应慎用这角度。

三分之一侧面，此时脸部同相机镜头呈30°左右。它能改善正面过于对称、呆板的状况，使照片显得轻松活泼一些。这种角度对于稍胖还是稍瘦的被报者来说，都很适宜，而且还能较好地使照片呈现出立体感。

三分之二侧面，这是在人像摄影中运用得较多的一种角度。一般脸部同相机镜头呈60°左右。采用这个角度，能有效地改善、美化被摄者的缺陷和不足。另外，如果被摄者外形丰满，采用这种角度，常能达到明显的"减肥"效果。当然，也并不是各种脸型的人都适应。对于颧骨高耸的被摄者和脸颊凹陷者来说，这个角度往往会使这些缺点变得格外明显和突出。

全侧面，这时脸部鼻尖同相机镜头呈90°角。采用这种角度的最大特点就是能使被摄者的侧面轮廓得到最大程度的反映。无论被摄者是胖还是瘦，只要具备良好的侧面轮廓条件，都适宜采用这种拍摄角度。

第四节 颜值高者近距观

著名的摄影师罗伯特·卡帕说过这样一句话："如果你的照片不够好，那是因为你靠得不够近。"但是近距离拍照并不是让大家使用手机照相的缩放功能，使用缩放功能是导致照片质量变差的原因之一。如果你希望放大或缩小物体，靠脚步去变焦，为了一张高质量的照片多走几步也不算什么。

手机拍照是一件不能懒的事，很多景物如果近距离拍摄，拍出来给人的感觉是完全不同的。靠近主体拍摄，有很多优点，比如：美好的景物能够合适地放大，使画面更有视觉吸引力；可以将周围杂乱的事物裁剪出画面外，使画面效果更为简洁；主体的细节信息能够得到更为突出的展现；用脚步变焦，避免了手机镜头无法变焦的尴尬；将手机靠近主体拍摄，利用手机的大光圈虚化掉背景，达到减法的目的。

手机近距离摄影，在不加任何近拍镜头的情况下，近距离拍摄景物，其实不算"微距"摄影，可以用"大特写"来形容吧！手机拍照要"大特写"，得注意拍摄角度的变化。尽量平视拍摄或者垂直拍摄，让景物变形不明显。当然，如果是因为创作的需要，想达到某种艺术效果，故意造成变形而更有特色，那就看拍摄者的审美和意念了。

▶▶ 第五节 生活细节宜远看

摄影与被拍主体的距离，是影响一张照片好坏的关键。我们都知道，近距离可以拍细节，远距离可以拍大景。生活的细节如果在近处看，可能会过于琐碎，而在远处看，则往往有一种诗意感。

在与景物"距离远"的情况下，往往能够让镜头里的景象更吸引人：远距离让场景更丰富，显得更加大气；远距离的生活细节更有层次感，显得主播更懂生活。

在远距离镜头之下，有两个技巧要特别注意：

①等光等色。室外拍摄风景，距离远的情况下，多数是以天空为背景。

以天为背景，就要挑选时间。清晨和傍晚的天空才有颜色，才更漂亮。

②镜头不要倾斜。多数情况下，我们的照片中会出现水平线。这时，我们要让照片保持水平，勿倾斜。倾斜的镜头会给观众带来不适感，水平的镜头才是正常的视角。

相比专业的摄像机，手机的摄像头尺寸要小得多，感光能力有限。在光线不足的环境中拍摄视频时，手机相机通常会自动调高ISO感光度，以此来提高自身的感光能力，这样的后果就是会增加噪点，影响画质。

第十一章

精心布置的直播间吸引力十足

▶▶ 第一节 干净整洁是基础

如果你是在卧室直播，房间该怎么布置呢？可以从以下四方面入手。进行和谐的搭配，打造属于自己的动感地带。

1.简约

主播房间应该以简约、温和为主，对于主播来说，这样的风格可以使得自己更吸引粉丝，获得更多关注。

2.植物

往房间里摆放盆景，相信是大部分主播的爱好。在房间里放植物可以带来绿意和生机，还能调节室内环境。计算机桌上放置一盆仙人掌还能吸收计算机的辐射！

3.装饰

对房间进行装饰是每一个主播必做的事，这里主要注意一定要根据整体风格和空间来装饰。因为女孩子的闺房会让人更舒服，所以闺房的布置可以甜美一点,从一个女孩子的房间布置就可以看出这个女孩子生活中的样子。在网络虚拟中,粉丝可以从细节看出你生活中的样子,会让粉丝更安心。房间的布置可以选择淡色系,或者是卡通的,如绒娃娃,好看的贴画都可以用。最好是可以看到女孩子的床,床上的摆设甜美一点,或者干净整洁一点。如果看不到床的话,可以露出窗帘,或者梳妆桌,书桌等,不要让背景空空的就一个人在。

如果你直播时候的房间不是卧室,而是在客厅或者其他房间,这种情况下可以去买一些好看的墙纸,自己坐的椅子可以显得高端大气些,如粉嫩系的座椅套、皮草系的,都是不错的选择。如果背景太空的话可以放个桌子,桌上可以放欧式的台灯,一些可爱的玩偶,或者你喜欢的花花草草、小摆饰都可以。还可以露出沙发、窗帘等。

▶▶ 第二节 多用配饰来装饰

细节总是很重要的,不起眼的某一处角落的设计,说不定就是粉丝爱你爱得要死的情结。回想一下自己在生活中感兴趣的小物品或是装饰品,将其还原到真实的房间布置中。比如,房间飘窗上的一个软垫,床头柜上的一盆植物,床尾地毯上的一摞书,等等,都可以成为你房间出彩的元素。

当然,除此之外,房间布置还有许许多多需要注意的地方,比如衣柜、比如门窗、比如墙壁颜色等。无论怎样,只要秉着围绕一种风格进行搭配设计的原则,随意发挥就够了。当然,如果你偏偏喜欢混搭风,只要装出来好看,深得你心,那也同样是一个精彩的主播房间布置方法。

床的位置和布置方案确定之后,就可以以床为基准,对整个卧室进行功能的划分。比如,在卧室中床的一侧较为宽敞的空间布置化妆区、读书区、休闲区等功能区域,这就是青菜萝卜各有所爱的偏好选择了。

毋庸置疑，在偌大的房间中，最重要的主角就是床了，所以，床的布置是卧室布置的第一步。床的档次只能高于或持平于卧室中的其他家具，否则就会显得失衡，整个房间失去了灵魂。床的高低可以根据个人喜好选择，如果是十分低矮的床，可以在床下地面进行加高，会有一种精品展示的效果，吸引视线的焦点。

床头部位可以加装帷幔，营造出床头的重要感，这就是所谓的为床头造景。同样，床头造景也是提升床头气度的方法，可以在床头平行一侧不靠窗的墙壁上安装假窗，给人以通畅感。

▶▶ 第三节 整体氛围和直播内容匹配

小小的卧室，暖暖的灯光。以灰色搭配大胆鲜丽的橘红，在这个基调上面搭配上暖黄色灯光以及点缀式的白色小桌子，空间调子瞬间活跃起来，让睡眠空间的氛围更加柔和。

全白色的家装设计，宛如踏进白雪公主的美梦。中间穿插进点缀式的黑色家具，共同构成最经典的颜色搭配，让房间体现一片和谐。以白色为主调的卧室搭配加上温馨的灯光，使得卧室视觉上更加干净、明亮、一尘不染，同时大大拓宽了视觉空间。

简单的格局，却自有独到的姿态。床头的背景墙以原木色系的整体柜呈现，既实用又让这一空间显得与众不同，草绿色的墙面也让这间卧室显得尤为环保自然，清新感不言而喻。

干净利索的空间布置带给人一种严谨、稳重的感觉。方形的画框、方形的枕头、方形的相架，一面宽大的镜子拉伸了整个空间。

蓝色的主色调，让整个氛围渐入沉静，简约而不简单。紫色与黄色的搭配，让浪漫色彩与温馨色彩交融，营造宜人的梦幻氛围。窗边所采用的竹百叶帘进一步给小卧室带去自然与清新。

  古典与现代的完美融合，原木色为主色调，搭配颇具现代感的床具与配饰，让整个卧室的格调成为一种风尚。设计服务于功能，对于小居室的设计而言，如何透视有限的空间，是装饰方案的重点。

  有限的空间里，为了增加家装设计的完整性，建议安装家用中央空调。不仅节约空间，同时也有智能控制温度和湿度的功能，给整个环境加分。

第四节　清新风格适合娱乐

  大部分人会被小清新的房间所吸引到，其实自己动手改变一下房间也是可以变成小清新的感觉，主要是自己有没有去花这个心思去做。

  首先，可以以绿色油漆墙面为主，这样就能突出小清新的感觉。即使家具的搭配都是纯白也特别有感觉，同时搭配一些绿色的枕头，两种颜色搭配得极好。

  其次，以绿色带有一些小花为主的墙纸或者墙布，这样也就不用担心墙面油漆的掉落，更加容易清理和打理。

  再次，粉色的搭配系。虽然说这一类属于可爱型的，但是被称为小清新也是丝毫不逊色的，粉色的墙面油漆搭配纯白家具也是恰到好处。

  还有简单的装修，纯白的家具和花的地毯，床单有纯白和绿色相搭配，这样虽然看起来简单，但是搭配起来却是很好的。

  最后，全部以白色系，偶尔一些边框或者某些边缘有黑色，这样给人的感觉就是很亮，同时看起来也特别干净和整齐。

  如果你的直播间背景是白色粉刷的墙，或是脏兮兮的瓷砖，就会显得直播间很简单、单调和脏乱。那观看者点进去之后就没有兴趣看下去，更没有机会成为你的粉丝。所以，干净、明亮可爱的墙纸是打造完美直播间的必备品。选择用可爱的墙纸，看上去小清新又很可爱，能够鲜明地突出你的风格。

不要选过于个性或花哨的墙纸，贴这样的墙纸会降低主播的气质。一张好看的墙纸可以瞬间让你的直播间"高大上"起来，彻底摆脱你的直播间单调的品位。

第五节 产品展示适合电商

做电商直播，我们听说过很多神话，电商大咖们一场直播能卖掉上万件商品，一场直播同时在线人数有几百万。但我们自己就是找不到好的方法，只能是羡慕。

对于直播卖货的卖家或主播来说，需要提前准备好直播的商品，检查商品是否存在质量问题，检查商品的型号是否正确，参与直播的款式是否齐全，是否出现货不对板的情况等。

如果你是在帮别人推广商品，那么直播之前要检查商品本身的设计、规格参数、颜色等；确认商家给的文案以及商品介绍资料是否完整，确认商品的款式是否符合直播的内容，商品的历史销售评价是否良好，不要有中差评等不好的情况；直播时客服是否在线，是否需要发送优惠券，是否需要在直播期间进行活动（如抽奖、发红包），是否需要给客服报暗号等。

直播时，还需要提前准备好相关产品的知识介绍，展示商品的完整形象，商品相关的使用技巧及方法，使用商品的一些注意事项，使用之后有什么效果等。并谈谈主播使用这款产品之后的心得，如果大家也有主播类似的情况，建议大家使用这个商品等，引导观众下单购买，促成交易。

直播过程中可以添加和直播相关的商品，推荐给直播观看者。同时，为了帮助提升粉丝关注，直播过程中可引导观看者点击界面顶部头像，完成关注。

第十二章

户外直播要特别注意

▶▶ 第一节　信号不稳是大忌

直播原本只停留在室内，若是户外直播基本上只停留在知名电视台手中（卫星直播车），而随着5G网络聚合技术的发展，技术的提升必然伴随着费用的降低，费用降低才能普及。

技术的进步，手机、计算机运行速度越来越快，对网速的要求也越来越高，网络的带宽进一步加大，应用在催生基建、基建也在催生应用，例如户外直播。

无论是VR直播、演唱会直播、赛事直播、新闻事件直播等，甚至是综艺节目与线下的直播互动，各种形式的直播可以让用户更贴近真实、贴近现场，使直播的收视率与传播率大大提升，相信更多高质量的创新直播将会伴随着新支点5G的使用如雨后春笋般增长。

直播是需要网络推流的，而且直播对网络要求比较高，如果网络不稳定，直播出来的效果就会很差，观众观看直播时就会发生卡顿等现象，观看体验就会很糟糕。

大多数直播都是用手机、平板等设备。但是户外往往是没有无线网络，这就需要依赖手机信号。而在户外，信号弱网络差的情况是经常会出现的。自然，直播卡顿等状况难以避免。

中兴新支点旗下产品ICG便携式协同路由器有3个SIM卡口，支持移动、联通、电信3卡混插，可支持2G/3G/4G传输链路聚合，即插即用，像手机平板一样方便。该设备可带来高带宽的现场网络，保证网络稳定无延时、无卡顿。此外，还可对接各大直播平台，满足不同的直播需求。

▶▶ 第二节　视频高清才吸引人

现在大家通过电子设备所看到的东西越来越清晰，效果越来越好。更别说是直播，蓝光版和流畅版的画质你能清晰地感受到其中的差距。但是你能想象在几十年之前电视都是黑白的吗？在手机上看电影更是想都不敢想。这是科技的进步，让大家享受到了现在这样优越的条件。

直播行业对于视频的清晰度也是特别看重，毕竟观看体验对于这个行业来说至关重要。而某牙直播作为业内知名的大公司也为网友们做出了不小的突破。某牙现在是国内首家开放蓝光模式的平台，至于背后的花费更是大家无法预估的，上线10M蓝光模式之后，观众们也是一边倒的好评，不过某牙没有就此满足继续突破上限，打造了15M、20M的蓝光模式，成为首家蓝光模式最高能达到20M的平台。

而某牙这项服务不是只有在赛事时才启用，现在在主机区也为观众们开放了10M和15M观看体验。

这样的画质和自己在计算机上玩没有任何差别。从这点就能看出来某牙直播在观众体验方面是下了决心了，蓝光15M60帧的设置足以让观众们尽情享受视觉冲击感，在无形之中把观众带入赛事的紧张刺激感中，有的时候甚至观众要比选手们看得还要清晰。

第三节 防抖也需要特别注意

要想拍摄出清晰的画面，机身的稳定很重要。现在很多手机有HDR功能，拍摄出来的画面比以前更清晰。然而一旦手机晃动，拍摄出来的就有可能是一片模糊的画面。尤其是那些没有光学防抖功能的手机，拍摄时更需要手特别稳，不能晃动。

在制作短视频的时候，一个非常重要的过程就是拍摄。在拍摄的时候，用同样的手机拍摄，不同的人拍摄出来的效果可能会有很大的差别。其实这个差别的一个非常重要的原因就是手抖。有不少人在拍摄照片的时候手都会抖动，更不要说长时间拿着手机拍摄视频了。

为了解决手抖的问题，有些人去网上提问"拍摄短视频的时候手抖怎么办？"大部分回答让人感觉非常不靠谱，有人甚至让提问者锻炼臂力，每天早上拿着两块砖头练上十分钟。其实不需要那么麻烦，你只要用一个支架，就可以解决这个问题了。

在拍摄短视频时，防抖是很重要的一个环节。专业的设备能够给我们提供非常大的帮助，在拍摄短视频的时候一定要注意使用这些设备。抖动的短视频会带给观众不好的观看体验，无法留住他们的目光。只有当你拍摄视频时手不抖，才能让你的短视频有更好的观看体验，进而赢得观众的认可。

第四节 降噪处理要重视

现在，直播正在火热地开展，除了室内直播，越来越多的主播走向户外，为大家带来生动的户外直播。由于环境不同，突发情况较多，户外直播需要做的准备也很多。盘点一些户外直播所需的设备，让你的直播更具人气！

做主播，重要的是保证自己直播的音质效果，一款功能强大、降噪扩音的耳机是必不可少的。入耳式的耳机在直播时，外表看上去比较美观，美女主播可以尝试这样的款式哦。

高保真音质，直播演唱的时候可以听清楚每一个气息。人多的情况下，耳机可以减噪。黑红两色搭配，时尚青春。

直播的时候，信号的稳定很重要，尤其是在户外直播的情况下，一款随身 WiFi 就能解决这个问题。它能提供长时间稳定的信号和流畅的观看体验，丝毫不影响主播和粉丝们及时互动。

支持多模式，覆盖全球 13 个频段。4G 三网通，65 小时待机，提供稳定网络。可同时接入 9 个设备，支持多个设备共享。

户外直播不像在室内没电的时候可以随时充电，随着高速的流量传输和摄像头使用，手机的电量跌得很快，因此充电宝是必须携带的法宝。大容量的手机充电宝能够保证长时间的户外直播，提供充足的动力。超大容量，可以快充手机，双 USB 口，同时充两台设备都没问题。磨砂质感处理，手感舒适。数字显示屏能够准确知道所剩电量。

▶▶ 第五节 光线处理要做好

如果在户外拍人像，最好选择早上或傍晚的时候，这时光线柔和些，反差小，而中午前后阳光太强反差太大不好。带上一块反光板补光是必须的，这样阴天时中午也可以拍。

一般而言，晴天的柔光最适合户外拍摄了。明暗反差小，色彩饱和度高。所以选一个干净的天气也是很重要的。

对于户外光线处理，有效利用闪光设备和反光设备来平衡明暗发差是首要的。其次要注意避免在反光杂乱强烈且带有逆光的地方拍摄，这样会显得太硬。最后注意被摄主体与背景的曝光差，利用增大或减小曝光差来突出主体或将主体融入环境。

1. 拍摄烈日下的物体

这种情况下不适合拍摄人像和全景的照片，因为光线太过明亮，而微距拍摄是一个相当不错的选择。在烈日下拍摄风光照片建议用小的光圈、曝光补偿减低2级、感光度也要降低，并且让自平衡调整在晴天模式。如果有遮光罩，效果更好。

2. 夜景拍摄的技巧

拍摄夜景，一个稳定的三脚架是必须的。尽量利用手动对焦，对准在明亮的景物上，对好焦后再锁定焦距进行构图，建议少用自动白平衡，尝试用"白天"或"室外"模式，不能用闪光，用光圈优先曝光比较保险；如果有遮光罩效果会更好。

3. 拍摄雪景的技巧

拍摄白雪，对准白色来手动调整白平衡，对比白色面积来加强曝光补偿1~2档，如果安装了UV镜，就可以避免色彩偏蓝。

第十三章

主播说话是一门艺术

▶▶ 第一节 说话委婉，让观众如沐春风

有的粉丝爱提要求，并且是让主播感到很为难的要求。比如，有的主播唱歌跳舞都没问题，但是不会讲笑话，但粉丝明知道这一点，却偏偏要求主播讲个笑话，并扬言如果主播不答应他的要求，他就如何如何。

面对这样的粉丝，确实让人很伤脑筋。但这类粉丝大多数并没有什么恶意，他们有时只是想看看主播们做自己不擅长的事，出现尴尬的一幕，然后"偷着乐"而已。有时他们也可能是想通过这种方式，从另一个方面看到和平时不一样的主播。

这时候，主播一定不要强硬拒绝粉丝的要求，说一些"我不会""爱看就看，不爱看就走"之类的话，或是对其不理不睬，甚至禁言。无论上述哪一种行为，都显得太小家子气，而恶言相向，本来说的是个别人，却很容易伤到所有粉丝的心，得不偿失。

正确的做法是主播一定要表现得十分淡定，详细询问一下提出要求的人到底是想要主播干什么。如果的确是无法做的事情，要诚恳地表示自己的确

做不到,并真诚地表示歉意;如果可以勉强做到,只不过可能做得不太好,可以尝试着做一下,因为这其实是个吸粉的好机会,就算做得不太好,粉丝们也会被主播这种"拼"的精神所感动。

第二节 幽默风趣,让直播不枯燥

语言幽默其实是直播趣味性强最重要的一点。因为有趣的行为总是不会有太多,有趣的故事总会让人听腻,但是如果语言幽默,却能够带有明显的个人标签。能够做到语言幽默,是真正的智慧,是一个人的经历和知识根据当前的环境在语言上随机应变的结果。

能够做到语言幽默,让幽默成为交流中的常态,那么整个直播的过程都会轻松愉快。观众在看直播时,一点都不会觉得沉闷,甚至有可能忘记了时间的流逝。

这就像是在听老师讲课时,一个语言幽默的老师,听他讲课,让人觉得非常轻松,还能够在轻松中学到知识。而另一个说话一丝不苟的老师,可能他讲课的内容也很好,但就是让人感觉非常枯燥。如果这两个老师之间做选择,相信大多数人会选择那个幽默的老师。

直播不是听课,观众一般只是为了娱乐和放松,所以,观众更会选择一个语言幽默的主播,会对没有幽默感的主播不感冒。

带给观众趣味性,还可以从变换风格入手。主播往往带有自身的强烈风格,有的主播颜值高,有的主播比较搞笑,有的主播知性优雅,有的主播沉稳大气。观众一开始都是被主播的气质所吸引而观看主播的视频,最终成为主播的粉丝。可是,时间久了,观众难免会有审美疲劳。

主播偶尔变换一下自己的风格,就可以带给人不同的感受,通过这种反差,产生有趣的感觉。

第三节　大气包容，让观众欣赏

在以前，明星的粉丝之间起冲突，往往是因为明星被抢了资源之类的事情，好在明星们自己一般是不会互相攻击的，都是粉丝们在那里自说自话。现在，国家对网络环境的管控越来越严格，粉丝在网络上互相攻击和造谣的现象越来越少了。

主播们和明星有些不同，虽然有的主播人气很高，但偶像包袱比明星小得多，这也使得一些主播在直播时的语言会有些过激。不过，主播应该以媒体人的行为规范来要求自己，在直播中传递给观众正能量，创造和谐的氛围。同时，主播的大气和包容也会让观众更加欣赏和喜爱。

粉丝们对主播都非常喜爱，特别是铁粉，主播的言行会他们可能会产生很重要的影响。因此主播对自己的一言一行都应该引起注意，不能给粉丝带来错误的引导。主播之间有时会因为一些事情产生冲突，这时，主播应该有包容之心，克制自己、包容别人，特别是在直播时不能起冲突。否则，主播之间的冲突就有可能会升级为粉丝之间的互相攻击，产生很大的麻烦。

没有谁会希望看到自己喜爱的主播在直播中和别人吵架，这不但显得主播没有气度，也会传播出负能量。在直播中，主播应该为粉丝负责，也为观众负责。直播间是一个公共场合，主播应该严格规范自己的一言一行，不传递负能量的情绪，只传播快乐和正能量。这样一来，不但直播间的氛围会越来越和谐，主播自己的心态和气度也会越来越好。

第四节　话语真实，不欺骗观众感情

网络的普及，让人们能够看到更多的信息。但是，虚假的信息一直在网上存在，并且很难禁止。网友都不喜欢虚假的内容，更喜欢真实的内容，看直播时也是如此。

有的主播为了吸引网友的注意，用一些虚假的内容来欺骗观众。这些虚假的内容不一定是有违法那么严重，只是一个简单的"演"出来的内容。但还是会令网友感到不满，进而离主播而去。

网友喜欢的是真实的直播内容，不应该以"演"出来的剧情去欺骗网友，那样只能让网友产生反感。真实的情况即便没有那么美好，但真实却更易受到网友的欢迎。不要为了效果而做不真实的直播，那样只能有一时的快意，失去的却是网友的信任和喜爱，得不偿失。

在直播之前，先要确定好直播的内容。但是，并不是做出选择之后，就能一劳永逸，不需要再有变化了。在直播的过程中，还要根据网友的偏好来调整自己的直播内容。因为，网友的偏好就是直播内容的航标，网友喜欢的内容才是保证直播受到关注的核心。

能够抓住网友的偏好，其实就已经离直播成功不远了。

网友偏爱新鲜的事物和内容。网友虽然对网络接触比较多，接受新鲜事物也比较多，就算有些网友已经对一些内容有了了解，但当网络流行一个"梗"或者一个段子时，主播跟一下风，也会让人感觉到亲切。

第十四章

精准定位自身特色

▶▶ 第一节　寻找适合自己的直播内容

观众看直播，看的主要是内容。优质的内容对人们的吸引力是最强的，主播应该以优质的内容去吸引人，而不是靠各种炒作。因此，要想成为一个好的主播，首先要做的，就是确定自己的内容方向。

直播之前不先确定内容方向，直播时就像是在大海里航行，却没有指南针，很快就会迷失。确定了内容方向之后，即使平时向其他内容做一些尝试，也不会迷失方向，达到"形乱而神不乱"的境界。

很多主播都是多元化发展的，这样能带给观众不一样的体验。这和明星跨界差不多，在做好了自己擅长的事之后，也去做其他事情。但是，主播必须在直播之前就确定好自己的内容方向，这样才能够在根本上不迷失方向，不丢掉自己本来直播的内容。

确定自己的内容方向，主要是看两个因素：一个是自己的喜好，一个是观众的喜好。

主播想要把直播做好，就应该做自己喜欢的内容，这样才能对这些内容有爱。有了爱，才能真正把内容做好。如果对自己直播的内容没有爱，刚开始可能还能够忍受，因为有些新鲜感。但是，时间久了之后，新鲜感消失，剩下的就全是枯燥乏味的感觉了。在主播对自己直播的内容心生厌烦时，是很难将直播做好的。因此，为了避免出现这样的情况，在刚开始直播时，就应该选择一个自己喜欢的内容来直播。

第二节 以让观众高兴为目标

　　直播带货应该是让消费者感到快乐的一种活动，消费者高兴了，他们就愿意购买你的产品。因此，在大多数情况下，能够带给观众快乐，也就可以将直播带货做好。如果你的直播能够让观众开了以后能够开怀大笑，他们就会喜欢上你，记住你，也愿意买你的产品。

　　一般情况下，人们会在碎片化的时间看直播，他们大多数并没有明确的目的，只是为了放松一下，寻找欢乐。不要让你的直播内容显得沉闷，把幽默融入你的语言当中，把段子放到你的直播当中，把欢乐带给观众，你的直播将可以吸引到更多的人，你的直播带货也将会更加成功。

　　实际上，风趣幽默的直播风格一直都受到人们的青睐。只不过在以前大多数是电影、视频，没有现在直播这么直接和方便，那些视频内容的互动性不如直播好，也不会像现在的直播这么火。但无论如何，它们的内部逻辑是相似的。现在，一个直播的 IP 火了，或者短视频火了，可以迅速传遍全网，被大多数人知晓。所以，对于直播带货来说，现在算得上是一个最好的时代。

　　看看那些通过直播或短视频火起来的明星主播，其中有很大一部分其直播风格或短视频风格都是风趣幽默的。papi 酱因为风趣幽默，成为"初代"网红中的佼佼者；罗老师因为风趣幽默，居然靠讲刑法课成为网红。

　　移动互联网时代是一个竞争更加激烈的时代，人们的生活压力很大，所以更需要用幽默来润滑自己的生活。谁能够在直播时带给观众欢乐，让观众看了以后高兴，谁就更容易受到观众的喜爱，继而创造出流量和价值。那么接下来，做直播带货就会变得非常简单。

其实很多做短视频的人都是段子手，很多做直播的人都是风趣幽默的语言大师。他们将好玩的段子做成短视频，将幽默的语言变成香水，在直播时洒向观众，逗得观众开怀大笑。在给观众带去欢乐的同时，主播也收获了粉丝，赢得了流量，打开了直播带货的销量。

▶▶ 第三节 理性分析个人的优缺点

在直播时，应该向粉丝展示最好的、与众不同的自己，这样才能产生独特魅力，留住观众的目光。为此，应该在开始直播带货之前就明确自己的优势，并在直播带货时将这种优势充分发挥出来。

"善用物者无弃物，善用人者无废人。"每个人都有自己的优势，只看你有没有发现它。有的人天生有一副好嗓音，他可以唱歌吸引观众；有的人做别的内容不行，但是说话很搞笑，他就做搞笑类的直播内容；有的人游戏打得好，通过直播玩游戏收获粉丝；有的人眼光很好、思维逻辑缜密，他直播给观众解答一些问题，也能赢得观众的心。

不管你有什么样的优势，你要找到它，并想办法在直播中将它发挥出来。在你没找到这个优势之前，你可能觉得自己太过普通，甚至是差劲，好像哪里都比不上别人。可一旦你找到自身的优势并将它发挥好，你就会发现，你并不比别人差，你也可以是万众瞩目的直播新星。

直播带货可以有各种各样的形式，它没有具体的限制。如果你想要做直播带货，就应该根据自己的优势去决定要以什么形式做，而不是只看别的主播如何做。你可以没有其他主播的才能，但应该有思维上的优势，懂得挖掘自己擅长的内容，并将它通过直播展示出来。每个人都是不同的，尺有所短寸有所长，展现出自己的特点，你就会吸引到观众的注意，把直播做好，把直播带货做好。

现在做直播带货的人太多了，要想从众多主播中脱颖而出，如果没有自己的特点和优势，是很难的。你独特的地方，就是你最值钱的地方，也是你要想办法在直播中展示的。当然，你还要注意的一点是，这个特点一定是带给观众正能量的。

找到自己的优势，就是找到了适合自己的直播方向，而能够在直播中将自己的优势展示出来，并传递给观众正能量，就是找到了适合自己的直播内容。接下来，你需要的就是坚持和努力，然后收获自己的粉丝，闯出自己的一片天地。

第四节　打造属于自己的好内容"生产线"

内容是直播的血液，同时也是直播的生命。做好内容，是直播的重中之重。因此，精心打造好内容"生产线"，对一个直播平台来说就显得至关重要。

观众在网上观看主播直播，看到的往往就是主播一个人，于是下意识地以为主播就是一个人在做直播。其实不然。主播背后往往是一个专业的内容策划团队，甚至可能是整个直播平台的力量在支撑着他的优质内容。因此，当一些观众觉得自己也可以做到主播那样时，试一下就会发现，原来真的很难。

主播虽然没有影视明星那么强大的影响力，但主播所做的，也是文化方面的工作，也是要用优质的内容来打动观众。主播直播的内容绝不是随随便便就可以想出来的，它需要反复思考，甚至需要一个专业的团队来进行策划。那些随随便便想出来的直播内容，大多数都被淹没在了众多同质化的直播内容当中，很难有出头之日。

打造好内容"生产线"，对直播平台来说是至关重要的事，对主播来说，同样也非常重要。有了这个"生产线"，直播平台能够拥有更多的优质直播内容，并以此来捧红更多的主播。而主播则是更是受益无穷，不但能够用优质的内容来让自己火起来，还可以逐渐学会制作优质的直播内容，让自己的能力不断提升。

第三篇

做独一无二的爆款

当市场上有很多产品时，独一无二的那一款才应该会被人们记住。当直播行业的主播越来越多时，爆款直播才是独特的直播。去做独特的主播，去做独一无二的直播。

第十五章

独一无二才是爆款

▶▶ 第一节 独特才艺显价值

独特的才艺方能显出独特的价值。一个直播内容的"生产线",往往有三种形式:UGC(User Generated Content)、PGC(Professional Generated Content)、PUGC。

UGC说的是用户生成内容,也就是所有在网络上发布的文字、音频、视频、图片等内容。无论是互联网时代还是移动互联网时代,这些内容都是网络上的重要内容,很多网上流行的因素都是从这里发源的。它集众多网友的智慧于一身,是传播网络信息的媒介。于是,人人都能够成为一个自媒体,人人都在传播信息。它的内容丰富驳杂,缺点是泥沙俱下,并且无法形成一个有具体方向的信息内容合集。当你从中搜索时,可能很难找到令自己满意的内容。不过,作为一个灵感的来源,是很好的选择。

PGC说的是专家生产内容,也就是专业的内容制作团队制作出来的内容。专业的制作团队,制作水平是很高的,欣赏美的水平也是很高的。因此,这样生产出来的内容能够赢得一些高需求的观众的精神需求。不过，它的制作成本就相对要高一些了。但是，对于一个直播平台来说，拥有专业的内容制作团队是非常有必要的。专业内容制作团队制作出来的内容能够成为一块招牌，吸引更多的观众。

PUGC是将UGC和PGC结合起来，用专业的团队来引导用户，去生产更优质的内容。直播平台要引导主播们自己创作出更好的直播内容，就可以使用这种方式。有专业的制作团队，然后培养主播的自主创作能力，这样就能够长期有效发展下去。

第二节 多来干货留观众

直播的内容如果只是表面上热闹好看、嘻嘻哈哈，却缺少干货和实质性的内容，虽然吸引了观众，却很难将人气转化为销售力。最具价值的内容，应该是能给观众带来效益，能够让观众愿意掏腰包的，这样的内容就是干货，也是观众想看到的，并且让观众能在观看直播时有所收获的。

对一个主播来说，观众愿意掏腰包，就是愿意送礼物。一般情况下，主播教给观众有价值的东西，让观众看过以后有所感悟，能学到内容，观众就愿意送礼物，甚至是花钱买课程。这就要求主播将最关键的一些点总结出来，观众听了有醍醐灌顶的感觉。为此，主播如果是讲一些课程，要提前列好大纲，把关键的点总结出来，做充足的准备。有些主播肚子里也有内容，但在讲课的时候抓不住重点，观众听了以后没明白，觉得没用，可能就离开了，这一点要注意。

如果是做直播来带货，干货其实就是那些真正有性价比的产品，以及对观众来说有帮助的指导意见。观众看过直播以后购买产品，一般就是两种情况，一种是主播所推荐的产品性价比高，另一种就是虽然性价比没有那么高，但通过主播的介绍，观众觉得这款产品是适合他的产品，是他想要的产品。只要达到这两种情况当中的一种，观众就愿意下单购买。因此，做一个有干货的带货型主播，就要把观众期待的这些内容讲出来。

短视频和直播将人们碎片化的时间利用了起来，而在这个碎片化的时间当中，没有人愿意听你东拉西扯。主播在进行直播时，应该讲观众最想听的内容，做观众最期待的事，把干货直接拿出来呈现在观众眼前，这样才能快速吸引观众的眼球，留住观众的脚步。

▶▶ 第三节　深挖痛点，满足需求

一个主播能够火起来，往往是因为他能够深挖痛点，满足观众的需求。同样的内容，可能有很多主播在做，但他对痛点的挖掘更深，充分满足了观众的需求，所以就显得更加优秀，更加与众不同。于是，他便从同类型的主播中脱颖而出，成为了人气更高的网红主播。

做主播的人成千上万，但真正算得上人气火爆的也就那么几个而已。在各个直播内容领域，都有那么一两个人气火爆的主播。无论是电商直播、娱乐直播、游戏直播，还是其他类型的直播，对那些人气火爆的主播，观众几乎都能够叫出名字，其他主播则除了他们的粉丝之外，可能别人都没听说过他们。

去看看那些站在顶端的人气火爆的主播的视频作品和直播，就会发现他们的视频作品和直播往往都做得比一般的主播高一个档次。这主要体现在两点上：一个是他们能够精准把握住观众的痛点，让自己的内容符合观众的需求；另一个是他们能够去深挖这些痛点，做得比其他主播更好。

观众的痛点有很多，对技术型内容的需求，对科普型内容的需求，对幽默的内容的需求等。根据自己的特点，选择一个痛点去深挖，将内容做到极致，就可以产生顶端优势，赢得观众的喜爱。

比如，一个玩游戏的主播，如果游戏技术不是很好，可以在玩游戏时搞一些花样，让观众看了觉得有趣。还可以自己调侃自己的游戏技术，让大家一笑而过，不再追究游戏技术差的问题。唱歌的主播，如果歌唱得不是很好，就可以在唱歌之余多和大家聊聊天，在聊天时多聊一些有趣的事情。这样，即便唱歌水平不是很好，也能吸引很多观众。做发布会直播或者其他直播也是同样的道理，多来一些有趣的内容，观众会更加喜欢。

▶▶ 第四节 行业顶尖即独特

专业会产生影响力，也会产生说服力，让人愿意去喜欢和信赖。在做直播时，应该以专业的方法来做，以行业顶尖的标准来要求自己。要想把短视频做得更专业，就必须让专业的人做专业的事，一点都马虎不得。

这里所指的专业的人，包括很多内容，比如拍摄团队的专业性、对于拍摄内容的专业性等。

拍摄直播内容，有专业的摄像师很重要。就像上例中的情况那样，一个不专业的摄像师带来了很多的麻烦。但是，并不是所有的情况都需要专业的摄像师。如果不是品牌类的直播内容，只是普通人做的直播，就不需要有专业的拍摄人员了，自己拿手机拍摄就可以。

不过，对拍摄人员的摄像水平要求不高，对他关于拍摄内容的专业水平就有需求了。只有对拍摄的内容十分了解，拍摄出来的内容才令人信服，才能起到好的宣传作用，收到好的直播效果。

直播看起来简单，但想要真正做好，还是需要方方面面都去学习的。无论在什么领域，专业的才能走得更远，在直播领域也是如此。

那些看似光鲜的成功背后，都有不为人知的努力。大多数知名主播的背

第十五章
独一无二才是爆款

后都有一个强大的团队，从内容的策划到化妆、摄影等都有专业的人士在做。于是，一个专业的主播就诞生了。做到了行业的顶尖水平，本身就是一种独特，自然也就将观众的目光都吸引了过去，越来越有人气。

第十六章

直播方向要明确

▶▶ 第一节 用幽默吸引观众

人们平时在观看直播或者网络上的视频内容时，往往比较喜欢轻松幽默的内容。因为在生活中和工作中，每个人都有不小的压力，而在观看视频或直播时，大家都想放松一些。幽默的视频内容能让人开怀一笑，拥有很强的吸引力。

《某某没想到》是一个由各种段子组成的、短小精悍的迷你喜剧。它用夸张的表现形式、幽默风趣的语言和故事情节吸引了无数粉丝。后来制作团队又拍摄了《某某没想到》电影版。

上例中的这些制作团队，都是用幽默的视频内容来吸引观众，产生了强大的影响力。大多数人看直播，其实就是为了打发时间和找点乐子。人们的生活节奏太快了，平时工作就已经很累，看直播主要就是为了放松一下。这时，幽默的内容对人们天然产生了很强的吸引力。

大多数人喜欢选择那些轻松幽默的直播来看。因此，即使直播的内容不是娱乐性质的内容，主播也要让自己的语言轻松幽默，这样才会产生更强的亲和力，让观众愿意听主播说话，愿意看你的直播内容。

幽默就像是香水，能够将快乐播撒给观众，也能让你的直播间芬芳弥漫。用幽默来吸引观众，什么时候都不会过时。而现在，大多数网友都喜欢在网上说一些俏皮话，或者"抖机灵"一下，他们对幽默的内容更是毫无"免疫力"。用幽默来吸引他们，他们会主动凑过来。

第二节 做生活的贴心帮手

在路边卖东西的人当中，有时我们可以看到一些卖厨房用的刀具的人。有时候他们会向路人展示自己的刀技，用水果刀把水果削成各种形状，用刀具把萝卜等蔬菜削成各种形状等。他们不但展示自己的刀技，还教给路人这项技能，一边教技能，一边卖自己的刀具。于是，他们身边总是围了很多人，生意也做得非常红火。

边教技能边卖产品，往往能够取得非常好的效果。用技能来吸引别人的注意力，引起别人的兴趣，自然就产生了购买产品的欲望，再卖产品，就顺理成章，也容易得多。主播在做直播营销时，也可以用这样的方法，同样能取得很好的效果。

观众看主播直播，为的就是好玩。主播一边卖产品，一边向大家展示自己的技能，还教大家怎样去做。有的人为了看热闹被吸引过来，有的人想要学一些实用的技能被吸引过来了，有的人想买主播的产品被吸引过来……主播吸引了一大批观众，卖产品就比较简单了。

在直播时教观众实用的技能，观众会对直播更感兴趣。不管是来看热闹的人，还是想要学到真正实用的知识的人，都可以从中看到自己的想要看的内容。因此，它就可以吸引到更多的人来观看。

当主播教给观众很多技能时，观众就会觉得主播非常专业，主播所推荐的商品也一定是很靠谱的，观众就不会对产品产生太多的疑虑。如果观众对自己的需求比较模糊，听了主播讲的技能之后，就对自己的需求更清晰了。

第三节　做知识传授者

在做直播营销时，主播不但是一个销售者，还应该是一个解惑者。观众在购买产品之前，一般会有这样那样的疑问，有时候这些疑问会显得比较刁钻。这就需要主播拥有专业的知识，这样才能为他们释疑解惑。观众心中的疑问解除了，购买产品时也就放心了。

顾客都希望能够买到更好的产品和更好的服务，当主播用专业的知识让自己变得强大，顾客就愿意相信并购买他们的产品。

假如你对自己的产品知之甚少，观众随便问几个问题就把你难住了，那么你在观众心中的形象和地位就会一落千丈。一个不专业的主播很难赢得观众的心，观众在购买他的产品时也不会放心，产品的销量会因此受到很大的影响。

顾客在决定购买一件产品之前，往往需要一些推动力，他们才可以下定决心。主播在做直播营销时，如果能够用专业的知识解除他们心中的疑惑，就可以大大提升他们下订单的概率。观众看到主播对专业知识很熟悉，对主播的信心更足，同时也会被主播的专业性魅力所征服，成为主播的粉丝。

在进行直播营销之前，不要掉以轻心。将直播营销重视起来，先把相关的专业知识学好，然后再去做。未雨绸缪则有备无患，心里有底就能表现得更加从容，以更专业的素养征服观众的心。这样，他们更容易变成你的顾客，同时也可能会成为你的粉丝。

第四节 用才艺抓住眼球

每个人都有自己擅长的事情,这些擅长的事在别人的眼中就是才艺,唱歌、跳舞、讲故事、做木工、分析问题……只要在自己擅长的领域里做得比一般人优秀,就是不错的才艺。

任何时候,多才多艺的人都是会受到大家的喜爱,因为他的才艺能够给大家带来很多欢乐。在做直播时,如果没有一点才艺,即便有了高人气,也很难将高人气的现状维持下去。如果直播的内容太单一,观众会逐渐厌倦。但主播有很多才艺的话,直播内容就不会太单一,也不用担心观众会厌倦了。

在网络上有成千上万的观众,每一个观众的喜好又都会有细微的差别,而且喜欢各种各样才艺的人都会存在。所以只要你有才艺,就不用担心找不到喜欢你这种才艺的观众。多才多艺永远不会过时,掌握一门才艺才能在直播时"吃得开"。

不要把才艺单纯地理解为唱歌、跳舞等,很多内容都可以是才艺。有的人会制作各种木工玩具,有的人会做饭,有的人会户外骑行……各种各样的长处都可以算是才艺。

如果你有某方面的才艺,不要觉得它不受欢迎,要勇敢地把它展现出来。也许观众期盼已久,只是找不到相关的内容,早就等得望眼欲穿了。在直播时展现你的才艺,你会发现原来志同道合的人有很多,你也会收获很多观众和粉丝。

第十七章

玩转直播营销

▶▶ 第一节 某手小黄车你会挂吗

某手平台的人气很高,在某手直播带货的主播也很多。为了方便主播带货,某手有相关的小黄车功能,主播只要将商品挂到小黄车上,观众就可以在观看直播时点击小黄车,然后在里面挑选自己喜欢的产品,继而下单了。

那么,某手小黄车你会挂吗?

①打开手机中的某手APP,点击左上角的"三"标志。

②在弹出的菜单页点击"更多"。

③点击"更多功能"下面的"小店订单"。

④现在进入的是"某手小店"的买家端,点击右上角的转换按钮切换至卖家端。

⑤在卖家端某手小店中开通权限,然后点击"添加商品",就可以将商品挂在小黄车上了。

将商品挂到小黄车上后,只需要在直播时提醒观众,点击小黄车就可以下单,观众一般都会操作。因为这种操作很简单,和观众平时网购的方式基本相同。

第二节 某音商店怎么开

某音和某手一样，也是非常火爆的直播平台，在某音直播带货的主播也特别多。

那么，某音商店怎么开？

①下载某音APP，在手机桌面打开某音APP。

②进入某音之后，点击右下角的"我"。

③进入"我"界面之后，点击右上角的"三"标志。

④在菜单项下，点击"创作者服务中心"。

⑤在创作者服务中心页面，向下滑动，点击"开通某音门店"。

⑥在某音门店页面，点击"限时免费认领"。

⑦在资质认证页面，上传营业执照等相关证件，点击"提交资质"，等待审核通过即可。

在某音开店并不难，但是刚开店时的流量并没有那么容易获得，主播要耐心经营，不断通过直播为自己积攒人气。

第三节 某宝直播带货方法

大主播们在某宝直播带货的业绩很令人羡慕，在某宝直播带货可以在一夜之间获得不菲的收入。那么，在某宝直播带货要注意哪些事项呢？

①刚开始选择产品时，尽量不要选择价格太高的产品，不然由于观众对你的信任度还不高，可能下单率会很低。

②由于某宝的女性用户比较多，因此在选择产品时，产品的"颜值"要好，这样才能更容易受到女性用户的喜爱。

③可以在直播带货的同时做一些其他事情来活跃气氛,这样往往能够取得更好的带货效果。

④直播之前先发布一下自己的直播时间,让观众有所准备。

⑤要对粉丝的留言适当回复,这样能够调动大家的积极性。

⑥可以多搞一些活动,多发放一些优惠券,给观众更多实惠,这样观众下单的热情会更高。

⑦注意积累营销效果,而不是急功近利,在一场直播中就要立竿见影。

某宝直播带货也是一个细水长流,逐渐积累人气、增加营销效果的过程。主播应该沉住气,慢慢去做,这样能取得更好的营销效果。

第十八章

打造精品策略

▶▶ 第一节 了解视频火爆的原因

在网络上经常会有一些视频火爆和流行,这些视频的内容并不相同,可以说是五花八门。它们有的是一首好听的歌曲,有的是一个有趣的段子,有的是一句好玩的口头语,有的是一段容易模仿学习的舞蹈。

虽然视频的内容不同,但它们往往有些共同点,比如有趣、独特、美、传播正能量等。其实,当一段视频很独特,又有美或幽默的价值时,它往往很容易受到观众的喜爱并流传开来,继而火爆全网。

我们知道"世界上并不缺少美,只是缺少发现美的眼睛。"直播就像是一扇窗口,能够让人们看到一些以前没注意到的内容。就像一些老歌因为直播而再次流行,并不是这些歌曲不好听,只是它没有被人们发现。而直播给了人们发现这些内容的机会,让这些优秀的内容被大众熟知,同时也带给人们新鲜感。这不但使直播的知名度更高,也使直播更有魅力。

所以其实直播的魅力能够一直不减,不但是因为它在提供给用户新鲜感这方面做出了各种努力,比如推出新鲜的功能,更重要的是它提供了一个窗口，让那些年轻的主播们将有趣的内容发布出来，以此吸引更多的人。有了这些年轻的主播们，直播的魅力就有了长久的保证。

主播们为了让自己拥有更多的粉丝，总会用新鲜有趣的内容来吸引观众，这是主播的魅力。而当直播的主播们都这样做时，这种魅力就变成了整个平台的魅力。直播正是用这种魅力吸引了无数用户。

年轻人总是拥有无限的创意和灵感，"90后"和"00后"是在互联网大潮之下成长起来的，他们往往拥有天马行空的思维和不按常理出牌的想法。这些年轻人就像是直播平台的催化剂，让直播变得更加活泼与年轻，也让直播变得魅力无穷。

▶▶ 第二节　灵感是做精品视频的关键要素

做视频离不开模仿和借鉴，但灵感却是做精品视频核心的关键要素。灵感的加入，让你的模仿与其他人的模仿不同，独具特色。

有些人的思维很活跃，在生活中遇到一件小事，思维就可能发散开来，想到很多有趣的事。然后，他们根据自己新奇的想法来制作视频，就可能做出精品视频，并受到广大网友的喜爱。

在直播当中，经常会有某个段子非常流行。于是很多主播都用这个段子做短视频，然后大家都跟风使用这个段子。这时候，这个段子就是用户喜爱的，能够让绝大多数用户产生共鸣。看到这个段子，用户就会情不自禁点开看一看。不过，完全照抄这个段子虽然也可以吸引到一些用户，但有一部分用户可能已经看腻了这个段子，他们需要一些新鲜感。这时，你应该结合你的短视频内容对段子稍加调整，把它变成有你自己特色的段子。用户看了你的短视频内容之后，不但有流行的感觉，还有新鲜的感觉，相比同类型的段子内容，他们会更喜爱你的短视频。

多看一些优秀的短视频内容,从这些短视频内容当中学习经验,这样你就可以让自己的短视频变得更有吸引力,收获更多的粉丝。但同时要记住,把自己的灵感加进去,让它变成自己的内容,有自己的特色。

第三节 精品打造要点

打造精品是需要一定的流程的,按照流程去做,距离做出精品也就越来越近了。

1.找到适合自己的模板

每一种短视频内容类型,都有自己独特的特点,它们各自都有适合自己的独特表现方式。除了内容类型之外,主播自己的个人特点和风格,往往也是非常具有特色的,需要用有别于其他人的表现方式。寻找到适合自己的模板,找到自己的最佳表现方式,你才能让自己的短视频更有魅力。

2.多积累一些相关内容

那些看起来非常有才华,总是很有灵感的人,他们的灵感并非真的无穷无尽,只不过他们比一般人更注意留心生活中的点点滴滴。他们将这些点滴的内容收集起来,就形成了自己的资料库,于是便有了取之不尽用之不竭的资源。

3.有趣味性

有趣的直播内容能够吸引观众的注意力,获得超强的传播力。因此,趣味性是直播时应该很注重的一点。

4.有内涵

有些搞笑的短视频,观众看的时候哈哈大笑,觉得这个视频很有趣,但是看过之后很快就会忘记,不会记得这个视频。这是因为短视频的内容虽然搞笑,却没有触动人心,不能让人们记忆深刻。如果你的直播内容能够在逗笑观众的同时又有深刻的内涵,将会更容易被观众牢记。

▶▶ 第四节 执行到位你就是网红

直播是很苦的一个行业，很多主播每天忙得连饭都顾不上好好吃。无论是想新鲜的点子，还是时刻关注时事热点，又或者是对粉丝和观众的一举一动洞若观火，都需要耗费主播的时间和精力。想要做出爆款直播，更是要每天想尽办法给观众和粉丝带来新鲜感，去加深他们对自己的喜爱。

当一件事有新鲜感的时候，大多数人都能够保持浓厚的兴趣，而当一件事做得时间久了，就不再有新鲜感，枯燥和无聊的感觉将会占据我们的内心。经得住平淡，耐得住寂寞，往往是把事情做好的关键。直播行业和其他传统的行业一样，也很需要主播坚持下去，即便是已经不再有新鲜感，还是要坚持，即便是粉丝不多，还是要努力。沉住气，耐住性子，一点一点去积累经验，不断收获粉丝，最终成为拥有高人气的网红。

主播一开始凭着一股冲劲儿，能够坚持一段时间。但是做主播的时间一久，就容易心生懈怠，很难一直坚持下去。有不少大主播正是因为心里的那根弦松了，直播时的状态不如以前了，人气渐渐滑落，直播效果大不如前。

如果能够将打造精品的策略一以贯之，从始至终坚持下去，执行到位，你就是网红，并且一直是网红。

第十九章

把自己做成一个品牌

▶▶ 第一节 直播就是做品牌

做直播表面上看起来是和传统行业不同的，但实际直播和传统的行业有很多相似的地方。主播间就像是一家企业，主播就是老板，做直播就是要打造自己的品牌。

名人代言品牌，给产品做广告，能够在他的粉丝中引起广泛传播，继而带动产品的销量，提升品牌的知名度。人们在观看直播时，往往也会去专门观看一些知名网红的直播，网红的名字就是一个品牌。

主播在做直播时，应该不断积累自己的人气，并且规范自己的言行举止，在观众和粉丝心中留下良好的印象。这样一来，就会逐渐形成自己的影响力，并赢得观众和粉丝的信任，产生品牌效应。

当观众和粉丝对一个主播产生信任感以后，他们会愿意去购买主播所推荐的产品，因为他们相信主播的人品，同时也相信主播的眼光。正如当消费者对一种产品不熟悉时，他们会优先选择自己熟悉的品牌的产品，而不需要去考虑其他的事，因为他们相信这个品牌的产品一如既往地好。

当一个主播注意维护自己的信誉，将自己打造成一个品牌，把自己的直播间变成一个"观众信得过"的直播间时，他直播带货的业绩就会变得很高。

▶▶ 第二节 言之有物不空洞

人们利用碎片化的时间看直播，或者是为了找些轻松幽默的内容放松一下，或者是利用碎片化的时间学习一点知识。因此，大家一般都比较喜欢讲话简单直接、言之有物的主播。如果主播讲话绕圈子，观众看了几分钟还不知道主播想要说的是什么，那么，在听得云里雾里的同时，观众也容易产生不耐烦的情绪，继而离开直播间。

做直播的人很多，观众能够在你的直播上停留几秒钟，就已经是给你很大的机会了。主播言之有物，就可以在这几秒钟的时间里用言语当中的"干货"吸引住观众的注意力，让他们留在直播间继续观看。如果言之无物，观众看了几秒之后，没有听到有价值的内容，可能随手一划就去看其他的直播了。

因此，主播在讲话时抓住重点、言之有物是十分重要的。做直播不是写考场作文，并无字数和时长的限制，所以不需要去凑字数、撑时间。将该说的话尽可能简洁地告诉观众，把自己想要表达的内容用简单朴实的话说出来。如果观众一时间没有明白，继续耐心解释一下，让观众理解到位，就行了。

一个言之有物的主播，不但是节省自己的体力，避免口干舌燥，也是节省大家的时间。这样的主播更容易受到观众的喜爱。

第三节　表现优雅的气度

　　主播在做直播时，会有观众和粉丝给予夸奖和鼓励，这会让人感到暖心，也会让人感到快乐。一般在这时，主播应该表现出优雅的气度，对观众和粉丝报以微笑，并表示感谢。当然，这并不难做到。

　　然而，有的观众或粉丝可能会对主播提出批评。如果是有理有据的批评，主播应该虚心接受，并努力去改进，让自己变得更好。如果是因为误解或观众个人的喜好而提出的一些无理的批评，就有些让人难以接受了。尤其是当批评很尖刻、语言也刻薄时，更是容易让人心生不忿。这就是考验主播气度的时候了。

　　有些主播在面对这样的观众和粉丝时，感觉非常无助，甚至难过得想哭。主播会觉得自己无论做什么都会被挑出毛病来，面对那些"鸡蛋里面挑骨头"的人，甚至"连呼吸都是错"。这种无力感，有时让主播很难承受。

　　其实，做主播和做其他公众人物一样，既要接受观众和粉丝的夸奖和鼓励，也要接受观众和粉丝的批评。在做主播之前，就应该做好受批评的准备。人的胸怀是用委屈撑大的，而主播的气度也是慢慢培养出来的。在遭遇无理批评时，主播应该保持平静，先耐心向观众和粉丝解释，解释清楚之后如果还有人故意刁难，可以选择不去理会他们，就当没有看到他们的恶意评论。而对于极端恶意的人，主播可以选择拉黑或运用法律手段维护自己的声誉，当然这种情况一般是比较少见的。

　　遇到这种情况，一个大气的主播是不会轻易生气，更不会在直播时和那些恶意批评的人吵起来。大气首先就是表现得很沉稳。这时候完全不理不睬和争吵等都是不可取的，完全不理不睬显得太软弱，会助长这些人的气焰，争吵甚至谩骂，则显得没有气度，也容易吓跑真正的粉丝。这时，要让他们知道你看到了那些批评的话，也要让他们知道你虽然看到了，但对不合理的批评并不在意。

主播表现得从容淡定、云淡风轻，就能让那些"不期而遇"的批评变成展现优雅气度的契机。

第四节　直播充满正能量

主播是移动互联网时代产生的新的公众人物，既然身为公众人物，传播正能量就是主播的责任和义务。在直播的过程中，主播应该用正能量的观点和语言，让自己的直播间充满正能量，去激励和鼓舞观众。

有趣的直播内容固然能够吸引观众的注意力，但直播的内容除了有趣之外，还应该有很正的三观和正能量的内核。主播在传播正能量的同时，也能够不断提升自己的认知和观念。正能量就像是阳光，让人充满力量，给人希望。在用正能量去鼓舞观众的同时，也会给自己带来一种别样鼓舞。

一个主播无论人气高还是低，都应该去努力传播正能量，让自己的直播间充满和谐和关爱的感情。这样不但你的直播会变得更有意义，连直播时所卖的产品也会有了一些了非同寻常的意义，让它区别于其他产品，让粉丝更愿意为它埋单。

正能量不仅体现在平时的言行举止上，同时也应该体现在做直播的初衷上。如果直播只是为了赚钱，格局就有些小了，为了传播正能量，为了带给观众欢乐，才是更深层次的出发点。

正能量的出发点，加上正能量的言行，更能够鼓舞人心，也让人愿意真心地去喜欢他。在做直播时，要不断将正能量传递给观众。同时，这样做也会不断激励自己，让自己对现在做的事更有信心。

第二十章

直播谨记流量为王

▶▶ 第一节 流量是营销的最大保障

移动互联网时代,流量是十分重要的,可以说流量为王。只要和网络有关系的事,几乎都离不开流量。直播是直接在网络上做的,所以更和流量有密不可分的联系。

流量称得上是营销的最大保障。只要一个网红主播有足够的粉丝数量,他就有了一定的资本。对这些粉丝进行正确引导,便可以获得巨大的经济效益。所以有这样的公式:

$$收益 = 流量 \times 信任度$$

在网络不发达的时代,人们追星都是追那些歌星、影星,但随着互联网的发展,现在的移动互联网时代,人们已经不再只将目光放在那些明星身上了。粉丝经济已经从相对单一的明星那里,转移到范围更广阔的网红身上。网红们和明星相比更加草根,和粉丝之间的距离更近。因为网红和粉丝们的互动很多,也更容易引导粉丝们的想法。所以,粉丝经济能够被更大程度地利用起来。

拥有众多粉丝的网红主播，如果粉丝黏性再大一点，粉丝引流这件事做起来便轻松容易，不用费太大的力气。

▶▶ 第二节 靠多元化吸引流量

直播的表现方式多元化，能够吸引到各种各样的人。直播平台的流量非常大，有各种各样的观众，如果主播只吸引了一小部分观众，流量可能没有多大。但是，如果主播的直播内容多元化，就可以吸引不同的观众，流量就会变大。做直播不像做其他行业，在直播时主播可以更方便地切换直播内容，你的目标顾客可以是很多类型的顾客，不会受到太多的限制。

直播用户大部分是年轻人，但并不表示它的用户全都是年轻人。实际上，随着直播的发展，它的用户也在向各个年龄段的人群蔓延。

直播从刚开始的音乐、舞蹈等内容为主，逐渐发展到美食、旅游、亲子、人文等一系列的内容。越来越大的名气加上多元化发展的路线，让直播收获了更多用户的同时，也丰富了用户的组成成分。从一开始直播的用户大部分年龄为18~24岁，到现在直播的用户年龄段比重向30岁左右的年龄段转移，还在继续向更全面的年龄段扩展。当然，这只是说直播用户的各个年龄段所占总用户的比重，实际上直播视频基本是覆盖全年龄段的，只是有些年龄段的用户所占的比重比较小。

直播用户一开始主要是集中在一二线城市，随着直播的不断发展，它的用户开始扩展到三四线城市，继而扩展到农村地区。

了解了这一点之后，主播可以尝试改变自己的一些直播内容，让直播内容更加多元化，吸引更多的流量。

第三节　合理利用平台引流方案

几乎每个直播平台都会有推广的方式，主播可以自己选择平台推广，利用这种方式来引流。

比如，某音上就有相关的推广方式，可以自己花钱买推广。当主播在某音发布短视频时，可以选择推广给不同的用户。选择推广给更容易喜欢这条短视频的目标用户，选择推广给随机的用户，选择推广的时间长度等，有各种各样的选择方式。

不止某音，基本上每个平台都有它给用户提供的引流方案。通常情况下，只要用户支付一定的推广费用，平台就会帮忙打广告、做推广。

当然，如果主播需要这种平台的引流方案，是需要支付一些费用的。当主播人气很低时，可能不愿意花费太多的钱去做推广。其实，如果对自己的短视频内容有信心，可以使用推广的功能。不过在推广之后，粉丝增加了，以后还要继续做出优质的内容才行。有不少主播只是在推广时增加了粉丝，获得了很高的点赞量，但接下来的作品很快又被"打回原形"，评论和点赞量逐步减少。只有持续做出优质的内容，才能真正把粉丝留住。

第四篇

细节产生超强吸引力

观众第一眼看到主播,可能是被一些新鲜有趣的内容吸引了,但如果想要对他们产生超强的吸引力,还是要依靠细节的力量。细节决定成败。

第二十一章

直播前的准备让你人气爆棚

▶▶ 第一节 开播之前先做个吸引眼球的封面

以前由于技术原因，网速比较慢，人们在上网时以浏览文字为主。现在我们已经进入5G时代，网速越来越快，人们在网上更喜欢看到的是图片和视频这种更为直观的内容。因此，人们的浏览习惯已经变为以视频和图片为主。

当看到一大段文字时，人们可能会因为字太多懒得看。但是，当看到一个有趣的图片封面时，人们往往会在第一眼就被吸引住。在开播之前，制作一个吸引眼球的封面，往往能够有很好的引流效果，吸引更多的观众点进直播间来观看。根据自己的直播内容，在直播之前先做一个吸引眼球的封面，对直播会有很大的帮助。

如果直播内容是文艺类的，可以选择一些小清新的封面，让人一看到就有文艺气息。也可以选择一些卡通人物、图画等做封面。

如果直播的内容是带货卖某款产品，可以用产品的海报做封面。当然，如果直播的名气已经非常大了，可以像明星代言一样，拍摄专门的宣传海报来做封面。

封面在吸引观众眼球的同时，要突出直播内容的重点。比如，产品的质量好、产品的价格低、产品的数量有限等。一个重点突出的封面也是让观众赶紧去关注直播内容的重要因素。

第二节 标题反复打磨，让它吸引人

好的标题会有非常强的"留人"效果。那么，怎样才能获得一个好的标题来呢？这就要有"不按常理出牌"的想法才行。就像有某个笑话说的那样，坐飞机不是新闻，飞机摔下来才是新闻。只有那些与众不同、不按常理出牌的标题，才能对人们产生最强的吸引力，让他们会情不自禁地戳进去看个究竟。

比如，有的人为了让别人点进去，就把短视频的名字取为《千万不要点进来》。本来是希望别人点进去，却说不让别人点进来。但是，人们的好奇心都是很强的，越是不让他们点，他们就越是要点一点试试看。因此，这个短视频的点击率非常高。

不过，在想方设法用标题吸引人的时候，一定要注意，别为了吸引人而做一些文不对题的事。

标题虽然可以成为吸引人的筹码，但是一定不能乱用标题。乱用标题就算可以把人们吸引过来，他们也不会认真看你的短视频。他们只需要看两眼，就能了解事情的真相了。

第三节 开播之前打招呼，让粉丝都知道

当主播拥有了很多粉丝时，对于自己直播的时间，要及时和粉丝沟

通。粉丝知道了主播的直播时间，不仅自己会去观看，有时候还会呼朋引伴叫自己身边的人一起观看。如果主播直播带货时的产品价格比其他时候都便宜，质量又非常好，粉丝更会乐意去将主播直播的事情告诉自己身边的人。

粉丝是主播宣传的一大助力，让粉丝知道自己的直播时间，对于主播在直播时提高人气会有很大的帮助，也是更强的吸引流量能力的重要方法。

影视明星在人气火爆之后，往往会有很多粉丝。这些粉丝会有自己的圈子和团体，比如在百度贴吧会有明星的个人贴吧，在微博会有明星的超话和微博粉丝群，还可能有QQ群和微信群等。当明星有什么动态时，粉丝们就会在贴吧、超话和各种群当中讨论和传播。

主播火了以后，也会有众多粉丝。和影视明星一样，网红主播也会有自己的个人贴吧、超话、粉丝群等。当主播有动态时，先让粉丝知道，粉丝之间相互传播，宣传效果会非常好。

▶▶ 第四节 在各大平台做推广

俗话说："酒香也怕巷子深。"即使一个主播已经有了不小的名气，但往往还是有局限性的，不但局限于观众的群体，也会局限于平台。有的主播在某音做直播，其他平台的观众对他知道得比较少。有的主播在某手在直播，其他平台的观众对他也不甚了解。

主播想要吸引更多的流量，获得更多的观众和粉丝，应该注意去到各大平台做推广。正如传统的企业会不停地在电视台做广告一样，主播也应该经常在各大平台做推广，让观众有更多的机会接触到自己。这样一来，被观众认识的机会就增加很多，人气自然也会越来越旺。

每个平台都有它相应的用户群体，虽然有些平台的用户群体有交叉和重叠，但由于各平台所侧重的内容不同，用户群体的差异性依旧存在。在不同的平台都做一下推广，对于宣传效果会有很好的提升。想要成为一个"火出圈"的主播，在每个流量大的平台都做一下宣传是很有必要的。

第二十二章

小细节让你的直播充满魅力

▶▶ 第一节　决不让直播间冷场

在直播时，冷场是每个主播都不想遇到的情况。特别是对于粉丝还比较少的新人主播来说，冷场更会让人觉得很尴尬，不知道该怎么办才好。有些新人主播由于缺少话题，就呆呆地看着摄像头，这就会让刚进直播间的观众有些摸不着头脑，不利于留住观众。

如果在直播间没有和观众聊天的话题，就容易冷场。为了避免出现冷场的尴尬局面，主播应该多找一些话题，保持和观众的聊天互动。当没有话题时，不妨和大家聊一聊当下网络流行的热点内容，这往往很容易打开观众的话匣子，也能快速拉近彼此之间的距离。

热点内容其实并不难找。我们以某音为例来说一下。"某音热点"是一个热搜排行榜，和"微博热搜""百度搜索热点"类似，都是一段时间内人们关注和搜索的热点内容。

打开某音之后，点击左上角的放大镜，就会进入一个搜索界面。在这个界面当中，可以看到"某音热点""人气榜单""今日最热视频""发现精彩"

等版块。在"某音热点"当中,会有很多热点内容,在刚进入的界面只会显示一小部分。点击"查看热点榜"的选项,就会进入某音"热点榜"的界面。在这个界面会显示更多的热点信息,一般会显示30条,按热度排序。某音热点当中除了"热点榜"之外,还有一个"正能量"的版块,里面是很多正能量的短视频内容,也按照热度排序,一般会显示20条。

你根据自己的需求和兴趣选择相应的热点词条,就可以看到里面的相关视频内容。通常情况下,一个"热搜词条"之下会有多个同类型的短视频内容,通过向上滑动屏幕浏览更多的信息。

第二节 激情就是带动力

激情是我们每个人在生活中都需要有的,它能让我们更具有行动力。在直播当中,主播如果能够带动观众的激情,就可以吸引住他们,把他们留在直播间,继而让他们变成自己的粉丝。

在移动互联网时代,人们往往对网络上的抢购很感兴趣。正因如此,网络带货总是能够卖出超高的销售额,而在抢购的时候,观众也是分外热情。在观看直播时,观众对于抢购总是有浓厚的兴趣,会产生很大的激情。主播可以在自己的直播间时不时送出一些低价的商品,形成抢购的状态,带动观众的激情。

很多商家都会注意到抢购给消费者带来的刺激作用,经常会用各种方式来产生一种抢购的感觉。就连在路边的商店,也经常会用喇叭喊"清仓处理,最后三天"之类的内容,以促进消费者的购买欲。

对于有时效性的事情,人们总是会下意识地去抓紧时间完成。如果在营销时,某件商品货源不充足,购买的人又有很多,就会产生抢购的情况,手慢了就没有了。而越是这种情况,消费者购买的热情就越是高涨。

因此，在直播过程中，你所送出的低价商品可以是数量有限的，如果手慢就抢不到了。这样一来，观众和粉丝就会争先恐后想要抢到商品，激情一下子就高涨起来。

第三节 给粉丝足够的尊重

主播在直播时和粉丝们互动，主要是靠说话和才艺展示。其中，说话最能体现对观众是否尊重。话说得好能温暖人心，话说不好可能一句无心的话就能让粉丝们寒心。主播说话一定要有技巧，并且一般只说好话。

在直播时，当发现有新人进入直播间时，要表示欢迎。在欢迎时不要一个一个欢迎，这样即便进直播间的人少，也难免有疏漏，引起没被点名欢迎的人的不满，如果人多，就更忙不过来了。无论是欢迎还是感谢，主播都要以众人为目标，说"欢迎大家""感谢大家的支持""谢谢所有的朋友"等覆盖面大的话。

另外，还要注意观众们说的话，从而了解他们真正感兴趣的是什么，做出符合观众需求的事。比如，观众们喜欢听主播唱歌，点了一首歌，主播应尽量满足他们的要求；观众想听主播讲个笑话，就算主播不太会讲笑话，也应该讲一个。

第四节 对粉丝真诚

现在网上经常能看到人们说"自古真诚留不住，总是套路得人心"，其实事实并非如此，尤其是对主播来讲，真诚才是最能打动粉丝的。

看看那些影视明星的粉丝们，就能得到很多启示。有些影视明星在粉丝面前装出各种样子，用套路"迷惑"粉丝，企图留住粉丝的心，结果粉丝们却纷纷离开。而有些明星则很少做表面上的事，只会告诉粉丝不要追星，过好自己的生活才是最重要的，结果粉丝们却始终不离不弃。

套路也许能获得人心，但得到的人心都只不过是一时的，不会长久，只有真诚才能到永远。主播如果用套路收买人心，最终肯定会被拆穿，到时候不但掉粉掉得厉害，还会给主播带来极为严重的声誉影响，得不偿失。

实际上，主播和粉丝之间就是一种类似于朋友的关系。我们平时对待朋友，如果真诚相待，对方也会对我们真诚相待；如果耍心机、玩套路，对方也会感觉到，因此也不会真诚地对待我们。主播和粉丝也是同样的道理，当主播真诚地对待粉丝时，粉丝能够感受到这份真诚，并对主播付出真心。

所以，主播无论做了什么事，无论是对还是错，一定要对粉丝坦诚相待。

第二十三章

主播必学的互动妙招

▶▶ **第一节　勤看评论勤回复**

我们平时和朋友相处时,如果对朋友是一副爱答不理的样子,那么这份友谊可能很快就会产生裂痕。特别是在网上使用通信软件交流时,如果回复很慢、态度很敷衍,更是容易引起朋友的不满。

主播和粉丝的关系和朋友关系很像,粉丝也需要主播对他们的评论重视起来,多回复他们的评论。主播要对粉丝产生黏性,让粉丝一直对你青睐有加,就应该多和他们进行互动。及时回复评论,让粉丝有和你互动的感觉,粉丝的黏性就会更高。

有的主播虽然有很多粉丝,但是不注意和粉丝互动,慢慢就由盛转衰,粉丝数量不再有明显增加,开始走下坡路。有的主播虽然粉丝数量不多,但非常注重和粉丝进行互动,慢慢地粉丝就像滚雪球一样越来越多。

其实对于拥有很多粉丝的主播来讲,正是由于粉丝多了,才让主播觉得自己已经很厉害了,不太愿意"屈尊"去和普通粉丝互动了。主播会因为粉丝多,把自己当成一个"大明星",对粉丝不再"客气",不再热衷于和粉丝互动。这往往是大主播走下坡路的开始，也是我们应该注意去避免的情况。

无论何时，无论人气高低，我们都不应该忽视与粉丝的互动，一定要及时回复粉丝的评论，这样才能留住他们。

▶▶ 第二节 引导观众的话题

在直播间中，观众的评论留言具有不确定性。由于是在网上，观众评论时可能会因为没有顾及，说出一些偏激的话来。主播相当于是直播间的管理者，有责任和义务去引导观众的话题，避免陷入有争论的话题中。

普通人不经意间发表的言论，传到网上时都有可能会引起轰动，网红主播们整天处于网络之中，所说的每一句话都被众多网友立即听到，因此更不能说容易引起纷争的敏感话题，否则分分钟就能引发一场轩然大波。

主播们在聊天时应该避免说那些具有攀比性质、抬高一方贬低一方、一竿子打翻一船人之类的话题，要去引导观众的话题，让话题保持正能量。主播就像是直播间的管理员，直播间的聊天气氛要由主播负责。

如果是直播带货，可以主要和粉丝聊产品。如果是平时的直播，并不带货，可以和粉丝聊一聊生活，聊一聊当下的热点，还可以和粉丝做一些互动的小游戏。这样一来，所有观众都会被带动起来。

▶▶ 第三节 与好友互动

在我们的一生中，想要快速成长起来，贵人的帮助是很重要的。而在直播行业，圈内朋友都可以算得上是你的贵人。通过和朋友的互动，不但能够帮你聚集人气，还能够让你更有人缘，更容易被观众喜爱。

要想在直播行业巨大的竞争压力下取得成功，没有好友的帮助是很难的。有了好友互推，这份工作就会变得轻松一点。通过互推，你可以被不同的用户群体发现，等于是差异化发展了粉丝，粉丝的增长就有可能会更快。

通过好友之间的互推，能够起到强强联合的作用。自己帮好友获得更多的粉丝，好友也会帮你获得更多的粉丝，达到"1+1＞2"的效果，彼此的粉丝都会增加。

虽然直播行业的竞争非常激烈，但是能够和好友互推，在互相帮助之下力量就会变强。在和其他主播的竞争过程中，你会获得更多的优势。这样你的粉丝看到你有很多朋友，也会觉得你是一个值得他们信任的人，是个很不错的人，对你更加喜爱。

第二十四章

直播内容胜在细节

▶▶ 第一节 精准把握直播内容的核心卖点

把握住直播的核心卖点,就能让直播一下子火起来。有些主播做了很久的直播,粉丝一直增长缓慢,并没有突破性的进展。但是,可能因为一个偶然拍摄的短视频,或者偶然的一次直播,一下子火了起来。不但收获了很高的播放量,还一下子收获了很多粉丝。

一般情况下,这种突然火起来的短视频内容或直播内容,都是有它的核心卖点的。仔细分析和研究这个火了的内容,抓住核心卖点,并在以后的直播中将这个核心卖点植入进去,直播就能够变得越来越有吸引力。

如果你在观众心中的地位不足,很可能是观众看不到你直播内容的核心卖点,甚至无法区分你的直播和其他人的直播。那么,他们并不会对你的直播产生有别于其他直播的特殊情感,也很难变成你的"专属"粉丝。

当一个某音短视频火起来时,它可能会成为几乎人尽皆知的内容,就像"摔碗酒"在某音的火爆。这让"摔碗酒"成了"网红"型品牌,也让一家店火遍了网络。当很多人都在说"摔碗酒"的时候,它的品牌就在短短的时间里不断裂变，成为热度很高、知名度也很高的品牌。

产生这样的影响力并不容易，那些知名品牌往往是靠多年的广告宣传，才达到了这样的效果。但是做直播的时候，只要主播能够把握住核心卖点，将一个产品的核心卖点种在观众心中，一下子就能火起来。

第二节 有好的脾气

拥有好的脾气，在任何时候都对观众和粉丝保持和颜悦色，能够让主播显得更有品格和气质，提升主播在观众和粉丝心中的形象，让主播收获越来越多的粉丝。

有的粉丝喜欢对比，比如在主播唱歌时说主播唱得不如原唱好听，和原唱相比差远了，或是把主播和其他主播对比，说其他主播多么好。这会让主播特别尴尬，尤其是在自己的直播间夸别的主播，更能让很多主播瞬间气坏。

实际上对比之心人人都有，有时候粉丝无意间的一句对比的话，可能根本没有想太多。如果主播一听就炸，一点就着，就显得太没有气度了。

面对这样的情况，主播应该多想想自己哪里做得不够好，如果粉丝说的是事实，就应该虚心接受。即使粉丝说得不对，也不要生气，耐心解释一下就好。

有时候个别粉丝的想法可能会出错，但大部分粉丝们还是能分辨真假对错的，主播要摆事实讲道理，而不是怒发冲冠。只要这些对比言论不影响大多数人的观念，问题就不大。主播应该照顾到大多数人的感受，不能只听到个别人所说的话就大动肝火。

第三节 营造轻松的氛围

现在大部分人的生活压力都很大，忙工作、忙生活、忙学习……人们总是有太多的事情要做，整天忙得团团转。在看直播内容时，很少有人愿意看严肃的直播内容，大部分人都想放松一下，都希望看到让人感到轻松愉快的内容。

人们都希望在观看直播时收获快乐，快乐是他们看直播的核心动力之一。人们现在每天都会在闲暇时上网，其实很多时候都是为了寻找快乐。在直播营销时让观众获得快乐，观众就会认可你，并愿意购买你的产品。

营造轻松的氛围，需要主播有一定的功力。有人说，只有最优秀的人才能够扮演小丑。其实，想要带给观众快乐，需要很优秀才行。营造轻松的氛围，不但要求主播有很高的情商，还要求主播有丰富的阅历和比较好的口才，对于观众评论的话能够做到接得下来、圆得回来。

把自己的直播营销做成轻松愉快的营销，那么你的营销效果一定不会太差。把直播营销的气氛变得轻松，不但能够赢得观众的喜爱，自己的心情也会变得轻松。学着做一个有趣的人，把直播变成带给观众快乐的源泉，同时自己也能收获许多快乐。

第四节 有自己的原则

就像明星的言行可以影响粉丝，而粉丝的言行也能影响明星一样，主播和粉丝们之间也是相互影响的。当主播拥有了足够多的粉丝之后，粉丝们若一致要求主播做某件事，在众口之下，主播很有可能会妥协。但是，粉丝的要求合理吗？这个问题绝对要认真想一想。

主播应该有自己的原则，这个原则不能被粉丝们影响。主播尽量满足粉丝的要求，这没有问题，主播们大多数也都是这样去做的，但是绝对要在符合原则的基础上去满足粉丝，不能什么要求都答应。

虽然现在相关的规范制度已经出台，但毕竟对直播行业的规范一时间不可能特别成熟，肯定会存在这样那样的漏洞，这就要求主播有自己的判断，拒绝做一些事情。在充分照顾到粉丝的同时，还要清楚知道什么可以做什么不可以做，让低俗内容远离自己的直播间。

对于相关规定还没有涉及的内容，主播应该以社会道德标准来判断，最终决定取舍。无论如何，不要被粉丝们"劫持"和"绑架"，要保持清醒的头脑，做到"有所不为"。

第五篇

好的传播是爆款必备

传播做得好,有很高的热度和人气,才称得上爆款。优质的内容和好的传播才能成就爆款直播。

第二十五章

传播的核心观念

▶▶ 第一节 做爆款就要有传播

做优质的直播内容和好的传播是爆款的必备条件。其实,在很多直播平台都有相应的传播方式,而且效果很不错。

相比其他传播方式,某音的传播非常精准,并且还可以快速获得目标用户。原因在于某音的短视频可以将有共同喜好的人快速聚集到一起,然后向这些人进行传播就非常方便了。

某音能够从众多短视频软件的竞争当中迅速崛起,除了因为它能带给用户很好的观看体验之外,还有一个非常重要的原因就是它能够精准定位目标用户,并用精准的内容投放赢得目标用户的喜爱。

有些短视频软件的渗透方式是由下而上的,先由普通的用户玩起来,让他们来带动潮流。但某音并没有那样做,它是自上而下地进行渗透。它将自己的目标用户定位在年轻的、偏女性向的用户群体中,这样一来,它就引导了用户的短视频内容。

某音的这种做法是非常成功的,它的用户群体构成中,女性用户所占的比例远超过男性用户。而某音与其他短视频平台相比也有自己的特点，显得更加时尚，更贴近女性用户的喜好。所以对于女性用户的吸引力，某音非常强。

第二节 营销要围绕产品来定

不同的产品有不同的营销方式，根据产品灵活确定营销方式很重要。

直播平台上的短视频内容往往都非常有趣，不但能够吸引用户的注意，还能快速激起用户进行二次传播的兴趣。事实上，有很多段子或者歌曲在直播平台上流行起来，正是由于用户自发进行传播，才使这些内容火遍全网。

在直播平台上进行运营，如果能够把内容做得新鲜有趣，有可能一下子就火了起来。如果效果好的话，不但能够在直播平台火爆，还可以火到其他的网络平台，成为全网流行的内容。这样就可以吸引超多的流量，创造出更高的商业价值。

网红奶茶"某某茶"有一段时间非常流行，在线下也带起了一股购买的热潮，它就是在直播平台上流行起来的。

有趣的流程，有趣的答案，在带给顾客新鲜感的同时，也让"某某茶"变得与众不同，受到万千网友的追捧。网友还会主动帮忙传播，让"某某茶"迅速火遍网络。

在直播平台上营销，只要能够把内容做好，让观众看过以后觉得有趣，他们就会主动帮忙宣传。一方面，他们会展示给自己的朋友，让朋友也看看这些新鲜有趣的内容，分享自己的快乐；另一方面，他们也可能会模仿短视频当中的内容，或者转发短视频的内容到其他平台，让这个短视频变得更加火爆。

第三节 找准用户的痛点

在直播营销的过程中，不能只顾着做，还得多想。多想一想用户的痛点在哪里，找准用户的痛点，然后在那些痛点上多努力。当用户能够在你的直播中看到他们的痛点，他们就会被你吸引，当他们看到你能够解决他们的痛点，他们就很可能会加你的关注，成为你的粉丝。他们会想，既然你能够解决这个痛点，那么你可能很专业，其他的痛点也可以帮他们解决，做你的粉丝会很不错。

其实，大多数成功的主播都能找准用户的痛点并将这些痛点解决，所以他们才会那么受用户喜爱，甚至被用户捧成了网红明星。看聊天类直播的用户，痛点往往在于有人陪伴、轻松愉快的氛围、风趣幽默的风格等方面；看带货类直播的用户，痛点往往在于商品价格、商品质量、商品品牌等方面；看教学类直播的用户，痛点往往在于讲解简明、专业、语言活泼等方面。

基本上每一个观看直播的用户都会存在痛点，而且有的痛点可能已经存在了很久，就看你有没有发现它。平时注意留心，看看用户对什么感到不满足，这可能就是他们的痛点所在。在用户的痛点上去创新，更容易赢得他们的青睐。到时候，他们不但会成为你的粉丝，还可能会主动帮你宣传，让你的直播脱颖而出。

直播营销不一定是谁最努力谁做得最好，精准找到用户的痛点所在，有可能胜过盲目的千百般努力。多留心顾客的痛点，多去在这些痛点上下功夫，你的直播会做得更轻松，你的粉丝也会变得更多。

第四节 做用户的顾问

销售是把产品卖给用户，通过产品与用户建立起联系，直播营销也是如此。虽然好的产品能够让用户心中感觉物有所值，但这很难让用户产生深层次的情感，因为他们是花钱买产品，里面或许也会有情感因素，但并不多。做用户的顾问则不同，这几乎是免费在帮他们的忙，完全是建立情感联系。这样不但能够赢得他们的好感，还能和他们变成朋友。

通过给用户提供建议，成为他们的顾问，也就可以让他们变成自己的忠实粉丝。那么，直播带货就不再是单纯的买卖关系，更有了消费者和销售者之间很难建立的、非常宝贵的友情。做销售工作往往显得冰冷，而做用户的顾问，则充满了温度，是温暖人心的。

做顾问其实核心是帮助用户解决问题。假如你的产品能够帮助用户解决他们问题，他们就会相信你。

顾问是帮助用户解决问题的，销售只是为了把产品卖给用户，这两者的出发点是不同的。我们在做直播营销时，要让大家感觉到你是为他们好。你要让他们觉得，你是为了给他们提供帮助，而不是单纯地为了赚他们的钱。

第二十六章

好的文案传播效果倍增

▶▶ 第一节　人们对有趣的事物毫无抵抗力

幽默有趣的文案往往来自对自己的调侃，或者对一些现实事物的独到视角。当然，幽默不能带有恶意，如果带有恶意，就会变为嘲讽和讽刺。

营销时的文案当然需要主播自己去好好想，毕竟自己想出来的才是自己的风格。文案幽默，平时也需要幽默一些，这样风格就不会显得和文案上差异很大。

笑话段子独家原创自然最好，但即便不是原创，如果能把段子说得非常好，在声音、表情、动作等方面重新演绎，也能产生很好的效果。比如，有的人天生就具有喜剧天赋，本来不好笑的一个笑话，从他嘴里说出来就非常好笑。

在某手上有个笑话段子讲得非常好的女主播，她的表情特别丰富，而且非常到位，能把很多笑话段子讲出新的高度，让人即便是已经听过，再听她讲一遍，还是忍不住捧腹大笑。

实际上，大多数做直播讲笑话段子的人，都不只是靠段子本身来逗别人笑，主要还是通过自己的语言功力，赋予段子新的笑点。

至于主播应该怎么讲段子，有人认为就像"熟读唐诗三百首，不会作诗也会吟"一样。这种方法当然不能说全是调侃，也有一定的道理。但是，要让观众们笑，关键还要明白什么才是真正的幽默，要会发现幽默的点，并戳中观众的笑点。这样，无论说的内容是什么，总能把观众们逗笑。

第二节　寓教于乐升华情感

幽默是很多观众喜欢的风格，但如果只是幽默，有时候也会让人感觉略显浮夸，有种轻飘飘的感觉。主播在做直播的文案宣传时，不应该只有幽默，还可以有一些教育的意义。就像一些电影的宣传海报一样，虽然整部电影是以搞笑为主的，但总有那么一点教育的意义，能够让人猛然间在笑声中想到些什么，内心有所启发。

优秀的搞笑电影，往往会在结尾的时候引人深思。而一个好的宣传文案，当然不能只有"嘻嘻哈哈"，也要把一些内涵囊括在内。只不过这种内涵并不在表面上，当人们去细品时，才能够发现它的存在。这样的文案更显得底蕴深厚、余味悠长，令人回味无穷。

周某某的喜剧电影一直被很多观众喜爱，原因就在于他的电影并不只是单纯地搞笑，而是将很多现实当中的无奈和真实的情感融入搞笑当中，让人们在捧腹的同时又产生思考。2021年上映的电影《你好，李某某》自上映以后，票房一路猛增，口碑也很不错。这部电影刚开始笑料不断，但是在结尾时却能用深深的亲情把观众感动到流泪。情感的升华让电影有了更深刻的内涵，也更受观众喜爱。

周某某的电影宣传海报往往很有艺术感，同时往往也显得有些夸张，可以说是将夸张的搞笑和深刻的内涵同时结合在了海报上。《你好，李某某》的宣传海报充满年代感,在给人一种"反差萌"的同时,也将一份浓浓的亲情展现出来。

主播在做直播宣传时,应该向这些好的影视宣传海报学习技巧。在把人逗笑的同时,也要让观众领会笑料背后深刻的现实意义,这样更容易被观众记住,同时也表现出主播的内在涵养。

第三节 带点干货才好推广

移动互联网时代是一个信息满天飞的时代,当我们想要找到一种有用的信息时,我们往往需要在众多的信息当中反复寻找,好像是在大海捞针一样。在这种时代背景下,人们对于干货的渴求,比以往任何时候似乎都更加强烈。对于直播行业来说,尤其如此。

当观众进入一个直播间,如果几秒之内没有听到自己想要的干货,他们可能立即就会离开。而在推广的时候,主播则应该将干货放在显眼的位置,让人一眼就看到。

推广有时候带些干货很重要,因为在推广的时候,有些人是看看热闹,而有些人则是要"较真"一下——看看门道。宣传文案应该包含更多的信息,让不同的人都看到他们想看的内容,正所谓"仁者见仁智者见智"。

一个好的宣传文案,里面要包含一点比较有说服力的、比较专业的干货。这样一来,更会使人觉得这个文案有些内容、与众不同,也觉得这个直播值得一看。

看热闹的人更多的是在意表面的华美,在意包装的精致;看门道的人可能直接拿出数据和同类产品做比较,然后才决定要哪一个。文案上写上几个关键数据,让明眼人一看就知道,而其他人则可能注意不到这些,并不会影响他们的审美。一个文案能照顾到不同的人的需求,就做得很好了。

第四节 突出产品的特点

一个突出产品特点的文案才是能够起到营销效果的文案。有些文案让人看完不知道它想要表达的是什么,这种需要让人去猜测的文案,对于直播营销来说并不那么合适。观众看直播的时间有限,有时可能只是扫一眼,没有时间让观众去猜。直播营销时应该将产品的特点突出。

麦氏咖啡曾经比雀巢厉害很多。它是个老牌企业,而且它的广告语在国际上拿过大奖。现在看,它的广告语确实非常优美,很有意境,叫"滴滴香浓,意犹未尽"。咖啡配合这个广告语,让人觉得非常具有文艺的气息,真的是让人感到意犹未尽。按理说这个广告很厉害,想要超越它很难。但是,雀巢咖啡只用一句话就把它压了下去。雀巢咖啡的广告语非常简单,就是一句"味道好极了",便让自己的咖啡大卖。

其实,上例中的两个广告语并没有明显的优劣之分,只不过后者直接将产品的特点突出了出来,让人无须再多一步联想。这种直截了当的方式是直播的文案应该学习的。

有时候,产品的特点其实很简单,简单到让人觉得不需要说出来。但是要记住,再简单明了的特点,也应该直白地表述出来,让人一眼就能看到、知道。很多时候,在专业人士看起来像是常识一样的事,普通的用户却并不知道,在观众看来也是特点和卖点。把观众当成是从未接触过产品的"小白",用简单直白的语言将产品特点表述出来,才是正确的做法。

第五节 用好的图片文案

要想把营销做好,吸引人们的眼球是很重要的。在这个人人都很"懒"

的时代，人们懒得去看文字的内容，都更喜欢一眼就看明白的图片。所以，这是一个"看图时代"。而在这个时代，直播营销也要有好的"封面"，也就是选择合适的图片。

一个合适的图片，除了能够凸显出直播的内容外，还应该肩负起吸引眼球的作用，让那些从来没看过你直播的人，也能瞬间被吸引过来，点开你的直播。

图片能够给人一种直观的刺激，吸引人们的眼球，让人停下飞速浏览的目光，驻足观看。图片一眼就能吸引到人，而文字还需要人去读一下，比图片多了一个过程。因此，图片吸引人的效果更佳。另外，观看美图是一种享受，而且是非常直观的享受。文字有时候也很优美，但需要的欣赏水平可能要高一些，相对而言美图则更为雅俗共赏，谁都能感受到它的美。

图片能简洁明了地将直播的内容表达出来，而好的图片文案还能将主播的气质传递给观众，让观众对主播产生喜爱。同样的直播内容，在使用不同的图片文案时，受关注度可能会有很大的不同。

一个优秀的主播应该懂得去用图片文案来给自己聚拢人气，让自己赢在起跑线上。有的主播正是因为在直播时用一个非常吸引人的封面，一下子就将观众的目光吸引住了，为自己赢得了更多的关注。

第二十七章

带动粉丝去宣传

▶▶ **第一节　粉丝的宣传无价**

粉丝的宣传能够让主播省去很多力气，不用花费一分钱就可以借助粉丝的口"一传十，十传百"。

粉丝能够让直播营销如虎添翼，流量同样也是如此。其实，在移动互联网时代，粉丝和流量本来就有各种说不清道不明的密切联系。

在某视频网站上，有一位视频制作者，他经常制作一些关于影视节目的视频。在视频当中，他会对这些影视节目的内容进行深入剖析，让观众读到一些平时没有注意到的内容。比如，他会解说金庸小说改编的影视作品，并分析这部影视作品拍得怎么样，和原著以及其他版本的影视作品相比，优点有哪些，缺点有哪些。

由于他制作的视频内容很好，每次视频的播放量都有几百万。渐渐地，他拥有了不少粉丝。

后来，这位视频制作者开始做直播营销，直播平台还是选择在这个视频网站，只不过具体位置切换到了专门直播的频道。他的粉丝到处为他宣传，说他开始做直播的事，给他带来了更多的流量。所以在做直播营销时，他的直播间也有很多观众。在直播营销的过程中，很多经常看他视频的人都过来捧场。大家都很相信他的人品，觉得他不会骗人，很放心地购买他推荐的产品。最终，他第一次直播营销就卖出了一千多件产品。

粉丝的宣传会对引流起到很大的作用，当拥有了流量之后，做直播营销就会很轻松。上例中的视频制作者在有了很多粉丝以后，粉丝的宣传成为他直播火起来的主要因素之一。

第二节 粉丝能让你火出圈

移动互联网时代是一个粉丝经济的时代，同时也是一个流量为王的时代。粉丝和流量能够让营销如虎添翼，让营销效果变得更好。粉丝还能够帮助你突破现在的圈子，让你"火出圈"。

粉丝经济是一种非常强大的经济。当积累了足够数量的粉丝之后，粉丝团体就会产生强大的吸引力，吸引来更多的粉丝。当一个主播有了大量粉丝之后，这些粉丝会主动帮忙进行宣传，让更多的人知道和了解主播。同时，粉丝在微博、贴吧、论坛等地方发表言论时，也会涉及主播的内容，这就是被动的宣传了。有了粉丝的加持之后，主播在进行直播营销时，就会有事半功倍的效果。

像粉丝能够吸引更多的粉丝一样，流量也可以吸引来更多的流量。当一个主播有了足够的流量，这些流量会让他有更高的热度，进而被更多的人看到，流量也就会源源不断地向他涌来。在移动互联网时代，有了流量就很好做营销了，只需要一个简单的营销活动，就足以吸引很多人，和没流量时的营销效果有天壤之别。

第三节 粉丝宣传是真正无孔不入的宣传

我们正处在一个"得粉丝者得天下"的时代，同时，这也是一个粉丝宣传无孔不入的时代。过去，粉丝通常是明星们才拥有的，但现在，一个普通的网红就能拥有几十万甚至上百万的粉丝。传统的营销模式很难产生粉丝，也很难创造出粉丝经济。直播则不同，它比传统的营销模式更具有黏性，能够吸引用户，让用户变为粉丝，继而借助粉丝的力量来进行无孔不入的宣传。

明星的粉丝会自发地团结到一起，组成QQ群、微信群、明星贴吧等，还可以形成更为专业的"粉丝后援会"；一个品牌的粉丝，可以聚在一起讨论这个品牌的信息，遇到什么问题也可以互相帮助，如果这个品牌注重粉丝经济，可能还会给粉丝创建一个专门的论坛。

粉丝经常会出现"扎堆"的情况，这是正常现象，而粉丝帮助做宣传和引流也是非常自然的事。如果能够经常和粉丝互动，粉丝引流的热情就会更高，引流效果也会更好。

粉丝宣传能够让营销变得简单，因为它可以让营销者所有的努力都逐渐累加起来。当你努力做直播，用好的直播内容吸引到了粉丝，这些粉丝便不会离去，他们通常会留下来继续支持你。于是，当每一个直播吸引来的粉丝累加起来，你的粉丝就滚雪球一样越来越多。如果是传统的营销模式，一次营销能吸引到多少人就是多少人，下一次再做营销，还要重新吸引人，上一次营销的努力和下一次营销几乎是没有联系的。所以，相比较而言，传统营销模式更费力，不如直播营销"划算"。

直播能够借助粉丝去做宣传，这是直播营销的优势所在。对于这一点，很多做直播的人都能意识到。所以做直播的人大都会积极地和粉丝搞好关系，让粉丝帮自己做无形的宣传。

第六篇

让粉丝成为你成就爆款的法宝

粉丝对主播来说是非常重要的,他们就像是主播最好的朋友。主播想要让自己的直播成为爆款,就要充分挖掘粉丝的力量,让粉丝成为流量的源泉、成就爆款的法宝。

第二十八章

粉丝经济永不过时

第一节 粉丝不会不值钱

无论平台怎样人气火爆，对于主播来说，最贴心的还是自己的粉丝。有人说现在粉丝不值钱了，那是错的，粉丝对主播非常重要，不会不值钱。

主播要想红，只靠平台当然是不够的，最重要的还是要有粉丝的支持，主播要想大红大紫，就要靠粉丝比别人多、比别人铁。可以说，只要有了足够的铁粉，主播们就能笑傲直播界，没有什么好担心的了。

粉丝的引流作用是不容小觑的。在移动互联网时代，粉丝所具有的潜能几乎可以说是无限的。如果每一个粉丝都能积极宣传，去帮你引流，那么你将获得海量的流量，在短时间内就能取得巨大的成功。

"得粉丝者得天下"，这几乎是每个主播都知道的事，但并不是每个主播都能真正得到众多粉丝。粉丝都是逐渐积累起来的，尤其是真正的铁粉，需要花费时间慢慢培养出来，并且还要用到很多技巧。

第二节　注意培养自己的铁粉

粉丝是吸引来的也是创造出来的，一个善于利用粉丝经济的企业或个人，不但要会吸引粉丝，更要会自己创造粉丝。

创造粉丝，首先应该让粉丝和你产生共鸣和归属感。在粉丝还不是粉丝之前，他们就只是"路人"，以一种冷眼旁观的状态去看待你和你的产品，甚至有可能会对你的产品不屑一顾。但是，只要有一个吸引他们的点，然后将这个点引爆，他们可能就会突然对你和你的产品产生浓厚的兴趣，打破之前的漠不关心甚至不屑一顾的状态，最终变成你的粉丝。

粉丝都是渴望有交流互动的，只有多和粉丝互动，才能成为他们的情感寄托，然后让他们成为"铁杆粉丝"。有不少企业或商家忽略了和粉丝的互动，它们觉得只要做好了产品就行了。在过去这样或许没问题，但是在移动互联网时代，不和用户互动是非常吃亏的，而不和粉丝互动，简直就等于是在主动让粉丝流失。

粉丝的心理其实并不复杂，它的核心就是一种迸发着激情的荷尔蒙，就像小米公司的口号"为发烧而生"一样，粉丝需要的就是一种激情燃烧的状态。粉丝的心理主要可以概括为激情的荷尔蒙、获取信息、交流思想、寄托情感。如果能够做到这些，就不用担心得不到粉丝的青睐了。

看看那些粉丝数量众多的网红，他们做了什么事情，才拥有了那么多的粉丝呢？其实他们就是和粉丝之间有交流，同时陪伴着粉丝，让粉丝有一种情感的寄托。另外，他们还有一些歌曲、游戏等调动粉丝的激情，让粉丝的荷尔蒙爆棚。

第三节 粉丝是一点一滴积累起来的

和粉丝的互动其实并没有多难,只要平时多做做活动,让粉丝抢一抢优惠券,或者是给粉丝提供一个话题,引起粉丝的讨论,都是可以的。关键是一定要有多和粉丝互动的想法,有了想法就会有行动,也就能将这件事做好了。

粉丝的引流,其实就是对粉丝的吸引。让观众从"路人"变成粉丝,然后变成"铁杆粉丝"。一旦有了很多"铁杆粉丝",粉丝自己就会去替主播做宣传,知道主播的人也就会越来越多,粉丝也就越聚越多了。

粉丝的心理其实不难理解,将粉丝当成自己的朋友,想一想平时怎么对待朋友的,然后就怎样去对待粉丝。对待朋友要真诚,对待粉丝也是同样的道理;对待朋友应该经常联系一下,以维持友谊和彼此的亲密关系,对待粉丝也应该这样;朋友应该经常一起出去嗨一下,粉丝也应该用一些活动来刺激他们,引爆他们的激情。

尽管粉丝们在直播间就可以和主播进行互动,但互动得再好,终究隔着屏幕,不如真人见面的互动效果好。想要拥有更多的粉丝,就要在和粉丝互动上做得更好,不仅在线上互动,还要充分利用线下的活动。

第二十九章

让粉丝尖叫是一种强大的能力

▶▶ 第一节 激发自身魅力抓住粉丝的心

每个人都有自己擅长的领域，也都有自己的独特魅力。主播之所以能够吸引众多的粉丝，很大一部分原因就在于他将自己的这种魅力散发了出来，然后吸引了一些志同道合的朋友，这些人就是他的粉丝。

主播要清楚，粉丝之所以喜欢自己，是因为兴趣相投，被他在直播中散发出来的个人魅力所吸引。在直播中，主播应该扬长避短，去激发自身的魅力，牢牢抓住粉丝的心。

如果是技术类的主播，要提升自己的技术，让粉丝对自己刮目相看；如果是聊天的主播，就要展现自己的高情商或高智商，让粉丝佩服不已；如果是带货类的主播，就要实实在在，用好的产品和低的价格来征服粉丝的心。

其实，对于直播带货来说，让粉丝尖叫起来是很好的选择。不但能让你显得更加与众不同，还能让粉丝对你爱到不能自拔。当粉丝发现你的产品价格低质量却很高，性价比超出了他们的预期，他们就会尖叫起来，他们的激情就会被瞬间点燃。还可以通过对比的方法，让他们激情澎湃起来。比如，拿自己的产品和市面上的一些产品进行对比，突出自己产品的优势；拿自己的新产品和自己的老产品对比，突出这款新产品的巨大进步等。

主播应该不断督促自己去做得更好，这样魅力才会有增无减，将粉丝牢牢吸引在自己身边。如果不去努力上进，魅力很容易耗光，那么粉丝的好感度也会逐渐降低。

第二节 给粉丝来点激动人心的内容

主播和粉丝之间，有时候像朋友，有时候又像恋人。朋友经得起平淡，而恋人则要时不时来一些激动人心的事。当然，主播和粉丝之间激动人心的内容，一般就是搞活动或者直播带货大减价。

主播和粉丝的活动一般都是在线上，线下的活动也有，但是由于费时费力，做的次数会少很多。线上的活动往往就是粉丝"捉弄"主播，让主播搞怪、出丑。这时，高情商的主播会满足粉丝的要求，博粉丝一笑。彼此之间的关系也更融洽了。

带货直播大减价，粉丝自然会积极捧场。就像电商在节日搞促销会有很多网友捧场一样，这种活动是大家喜闻乐见的，降价本身已经是很令人激动了。

在降价的同时，可以来几件降价幅度非常大的爆品。爆品对于用户的感召力，还有爆品对用户消费欲所带来的刺激，都是非常强烈的。用户都想要买到物美价廉的商品，一个高性价比的爆品是他们所期待的，也能充分调动他们的积极性。懂得用爆品来感召和刺激用户，能为吸引流量立下汗马功劳。

只是全面降价，或者发一些全品类的优惠券，效果虽然也会有，但很难达到一种"爆炸"式的强烈效果。有的主播非常精明，会在直播带货期间推出几款爆品，优惠力度比其他商品更大，吸引观众的注意。当观众被这款爆品吸引过来时，也会看到其他商品，然后可能会顺便购买其他商品。这样，不但增加了店铺的流量，也促进了其他商品的消费，效果往往非常好。

主播多给粉丝来点激动人心的内容，能够促进自己和粉丝之间的关系，让粉丝越来越喜欢自己。

第三节　重情重义的人粉丝都喜欢

在现实生活中，很多人做事容易急躁，遇到问题时抗压能力太低。实际上，几乎所有能把事做好的人，都是耐得住寂寞的人。这种人往往很懂得思考，不会乱说话，他们的情商和口才大部分都比一般人好。

其实，主播除了要有高情商外，有时候重情重义也很容易得到粉丝的认可。人们大多数都对重情重义的人很有好感，而有时候主播表现出来的对粉丝的重情重义，则能让粉丝尖叫起来，为主播叫好。

比如，有时候主播圈子里的朋友去打直播平台的榜单，主播虽然实力不够，但还是全力去支持他的朋友，最后可能自己吃了些亏。这种重情重义的表现，粉丝会为主播尖叫，为他鼓掌。

相反地，如果主播凡事都自私自利，只想着自己的利益，粉丝可能会对他失望，继而离开。

主播应该重情重义，这样身边的粉丝会越聚越多，而且一般这样吸引来的粉丝也都是重情重义的粉丝，不会轻易离开。

第三十章

传播正能量是核心价值观

▶▶ 第一节 直播必须符合国家和社会的核心价值

直播行业现在越来越规范，主播和明星差不多，都是公众人物。主播的一言一行不仅影响自己，也可能会通过粉丝传播和影响更多的人。因此，主播在直播时的一言一行、一举一动，都应该符合法律法规，符合国家和社会的核心价值。

为加强对网络秀场直播和电商直播的引导规范，强化导向和价值引领，营造行业健康生态，防范遏制低俗、庸俗、媚俗等不良风气滋生蔓延，国家广播电视总局于2020年11月出台《国家广播电视总局关于加强网络秀场直播和电商直播管理的通知》（以下简称《通知》）。《通知》规定，网络秀场直播平台、电商直播平台要坚持社会效益优先的正确方向，促进网络视听空间清朗。现阶段相关平台的一线审核人员与在线直播间数量总体配比不得少于1∶50。要切实采取有力的措施不为违法失德艺人提供公开出镜发声机会，防范遏制炫富拜金、低俗、媚俗等不良风气滋生蔓延。网络秀场直播平台要对直播间节目内容和对应主播实行标签分类管理，按"音乐""舞蹈""唱歌""健身""游戏"等进行分类标注。对于多次出现问题的直播间和主播,应采取停止推荐、限制时长、排序沉底、限期整改等处理措施。平台应对用户每次、每日、每月最高打赏金额进行限制。

近几年出现过不少主播因为不当的直播内容被封杀的情况,直播平台对于主播直播的内容也有了更大的审查力度。但毕竟平台不可能做到那么细致地去检查,所以主播还是要时刻提醒自己,以媒体人的要求来约束自己。

主播严格要求自己,不仅是对自己负责,也是对粉丝负责、对社会负责。主播既然接受了粉丝的礼物,就应当对得起粉丝的喜爱,不能做出不合规矩的事。

▶▶ 第二节 传播正能量是每一个主播的责任

我们要努力创建一个和谐社会,传播正能量是我们每个人的责任。主播每天要面对成千上万的粉丝,如果传播负能量,会将自己的负能量放大很多倍;如果传播正能量,也会将自己的正能量放大很多倍。这两者相比较,可以说是天壤之别。

我们每个人在生活中都会有一些不如意的事情,也难免会有些负面的情绪。但是主播作为一个公众人物,应该将负面情绪压在心底,或者私底下向朋友诉说,而不应该在直播时传播。要让负能量止于自身,将正能量传播出去。

很多人都有梦想,但大多数人的梦想可能没能实现,原因在于人们往往喜欢给别人的梦想泼冷水,告诉他这是不可能实现的。那些实现了梦想的人,一般都有人在鼓励他,让他坚信自己可以实现梦想。

永远不要忽视了积极心态的力量。直播的传播力量是很大的,所以我们应该让它成为积极的正能量的载体。积极的人是会受到欢迎的,你可以用你的积极态度成就别人的梦想,同时也成就自己的梦想。梦想可能会实现,也可能无法实现，但是多一分鼓励，就多一分实现的可能。

我们不要做给别人泼冷水的主播，而应该去做那个鼓励观众、传播正能量的主播。正能量能够传递给观众一个温暖的信息，并引起观众的共鸣。这份正能量就像一颗火种，在很多观众的心中生根发芽，点燃更多的希望之火。

当然，有时候主播自己的压力也是很大的，整天面对摄像头和计算机，自己的情绪容易失控。主播自己的负能量要在私下找人倾诉，然后消化掉，保持自身的情绪健康。

自己的情绪健康，直播时传播正能量，才是一名好主播。

第三节 以正规的媒体人来严格要求自己

在几年前，如果我们将主播说成是媒体人，可能很多人还不太理解。但是，现在直播行业越来越规范，相关的法律法规也纷纷出台。主播和明星、主持人已经差不多一样了，都是很有影响力的人。

为了共同打造互联网直播领域健康快速发展的新局面，打造一批具备互联网传播能力、策划运营能力、营销带货能力的直播电商复合型人才。2021年1月，由中央广播电视总台牵头、国家权威平台全力打造的国家级新媒体人才培养教育机构——央广云数新媒体学院正式入驻杭州。可见，主播和正规的媒体人越来越接近了。

主播应该严格要求自己，以正规媒体人的要求来约束自己。只有这样，才能在直播时提高警惕，不做错事。由于直播是实时播放，一旦做了什么事，说了什么话，是无法更改也无法收回的。一些大主播在直播带货时的一句口误，就可能带来很严重的影响，甚至可能葬送自己的直播生涯。主播不可以在这些事情上掉以轻心，要严肃对待。

主播能够时刻严格要求自己并形成习惯，自己也会获得成长。当习惯形成了自然而然的状态，主播在直播当中便可以更加得心应手了。

▶▶ 第四节 不为金钱迷失本心

主播直播是为了获取流量，收到粉丝的礼物，或者通过流量直播带货赚钱。这些都无可厚非。但是，主播千万不要为金钱迷失了本心，否则将有可能犯下大错。

自2020年以来，相关部门新修订并发布了多部涉及网络交易、促销、直播营销行为规范的文件。2020年10月，《网络交易监督管理办法》征求意见，11月，《互联网直播营销信息内容服务管理规定》发布。仅2020年，有关直播带货的监管文件就出台了10余份。

尽管监管的力度越来越大，但直播带货还是频繁出现假货的情况。因此，主播要把握好各个带货的环节，确保自己的产品是正品。同时，主播要严格要求自己，不要为了金钱而迷失本心。

当一个主播人气不高时，收益也不高，一般人都能够抵住诱惑。当一个主播的人气高涨，收益有可能会让自己一夜暴富时，一些主播可能就会把持不住，动了不好的念头，如骗取粉丝的钱财等。由于主播的粉丝众多，骗取粉丝的钱财将是一笔非常可观的收入。然而，一旦为金钱迷失了本心，做了错事，主播接下来面临的可能就是法律的制裁。

其实，只要本着细水长流的原则，只赚自己应得的那份收益，就不会对不属于自己的钱财动心。守住自己的本心，也是守住自己来之不易的美好生活。

第三十一章

团结一切可团结的粉丝

▶▶ 第一节　粉丝不分高低贵贱

有的主播对粉丝的态度会随着粉丝给自己送礼物的多少而不同。对于总是送自己礼物的粉丝，主播就高看一眼，事事顺着他们，回复也很及时；对于送自己礼物少的粉丝，则态度比较冷淡，对于评论也很少回复。实际上，这样对粉丝的积极性会形成打击。

粉丝不管有没有给主播送礼物，都把宝贵的时间给了主播，也为主播增加了人气，主播不应区别对待。无论是哪一种粉丝，都可能给主播带来很好的宣传，为主播积攒下人气。

当主播对不给自己送礼物的粉丝态度冷淡时，会伤害很多人的心，让一些本来可以转变成粉丝的路人选择离开。相反，如果主播对所有的粉丝平等对待，对于不送礼物的粉丝也客气有礼，会产生很强的凝聚力，也更容易将路人吸引过来。

主播应该为粉丝着想，对粉丝一视同仁，这样才能让粉丝真正爱上自己。有些主播是靠粉丝的打赏来获得收入的，如果粉丝不打赏，主播收入就会减少。可是，有的粉丝可能自己也没有多少钱，却还要给主播打赏，粉丝也很矛盾。

面对这种情况时，优秀的主播通常不会主动要求粉丝打赏。反而会告诉粉丝，如果没有特别强的经济实力，就不用打赏了，只要默默支持自己就好。这样一来，粉丝能感受到主播的关心，对送礼物的粉丝和不送礼物的粉丝一视同仁，会更加喜爱主播，并一直支持主播。经济条件不好的粉丝即便不打赏，也给主播带来了人气；而经济条件好的粉丝可能会对主播为粉丝着想的行为感动，为了补偿给主播更多的礼物和打赏，主播说不定反而能挣到更多的钱。

一般情况下，人气比较高的大主播就是这样火起来的。因为他们对粉丝都是一视同仁，不但不会主动要粉丝的礼物，还会劝粉丝少送礼物。这样反而更容易赢得粉丝的喜爱，获得更高的人气，并且最终收益更好。

▶▶ 第二节　任何粉丝都能帮你带来流量

有些粉丝本身经济条件比较富裕，送主播一些礼物很轻松。而有些粉丝经济条件没有那么好，所以虽然很喜欢看主播的直播，却很少送礼物。但这种不送礼物的粉丝，反而有可能给主播做出更好的宣传。因为有时候他们虽然不花费金钱，却花费了更多的时间。

情感的共鸣是拉近人与人关系的最好方式。主播想和粉丝更亲密，就要想办法和粉丝产生情感的共鸣，而不是只想着索要礼物和打赏。主播不那么关注粉丝的礼物和打赏，去团结所有的粉丝，即使他们送的礼物并不多。这样一来，主播和粉丝之间的感情会很好，产生情感共鸣，和粉丝打成一片。

主播和粉丝搞好关系，产生了情感共鸣，流量变现能力也就会更强。与此同时，主播能够和粉丝保持良好的关系，除了直播时人气会很高，再发布短视频也就总是有很多人支持、点赞和评论，粉丝也会越来越多，这是一件对主播非常有利的事。

有时候，我们去一些平台浏览网页上的内容，比如贴吧、论坛等，会看到一些明星的粉丝。这些粉丝虽然不一定给明星送过什么礼物，但他们使用的昵称和头像都是对明星的无声宣传。主播的粉丝也是如此。当一个主播拥有了很多粉丝，即使这些粉丝中大多数是不送主播礼物的，那种传播力也非常强，能给主播带来巨大的流量。

主播不应小看任何粉丝，无论他们是不是送礼物，他们都是人气，也都能带来流量。

▶▶ 第三节 粉丝多自然会聚拢人气

人多的地方往往自然而然就会聚拢人气，正如顾客多的商店会吸引越来越多的顾客，而顾客少的商店可能常年门可罗雀。在做直播时，即使粉丝没有给你打赏，他们观看你的直播时所产生的人气，也是一笔巨大的财富，为主播的成功打下了无形的基础。

主播能够对粉丝一视同仁，团结一切可以团结的粉丝，那么，他的粉丝就会像滚雪球一样越聚越多。最后，当他的粉丝特别多时，人气就爆棚了，他的知名度也会非常高，变成大主播。尤其是在某些直播平台，主播的圈子里会很快流传开。在其他主播的直播间，也可能会有他的粉丝，有时候一个不经意的发言，也会帮他刷一波存在感。

当一个主播经常被用户提及，那么他就会越来越火了。而且有时候可以火到其他平台，甚至一个有关他的段子有可能会变成全网火爆的热门话题。那么，这个主播就从平台内部火到了全网。很多大火的主播都是这样火起来的，而且会这样继续聚拢人气。

主播对粉丝好，就是增强路人对自己的好感，那么粉丝不断增长就没有什么悬念了。

第四节　不强留粉丝，但要尽力挽留粉丝

主播的粉丝有时候会选择离开，不再喜欢他。原因有很多种，可能是本来喜欢，但渐渐地感觉淡化了；也可能是因为某些小事，心里不舒服了，想要离开了；还有的可能是工作忙，没时间再每天看他直播了。

当有粉丝想要离开时，主播应该去挽留一下。挽留粉丝，是对粉丝有感情，如果不挽留，会让人觉得主播很无情。但是，尽力去挽留以后，如果粉丝还是不愿意留下来，这时主播就不应该强留了。拿得起放得下才是让人欣赏的性格，即便心里还有不舍，也不要轻易表露出来，藏在心底就好。

想要留住粉丝，不应该是语言上的强行留住，而应该用好的、有吸引力的内容来吸引他们，让他们自己不愿意离开。如果主播能够在平时用优秀的内容来留住粉丝，就会比较简单；如果主播平时不注意去提升自己的内容，留住粉丝就不那么容易了。打动观众让观众成为你的粉丝或许只是一瞬间的事，是一个细节就能够做到的。但是，想要让他们一直留在你身边，就需要用更多的努力、更多的细节去不断打动他们，直到你在他们心中变得非常重要、无可替代，他们才会愿意一直留在你的身边。

坚持做好内容，坚持把细节做到位，不断打动粉丝的心，不断产生新的吸引力，这是主播留住粉丝的不二法门。

主播要牢记自己是一个公众人物，所作所为都要考虑到粉丝和观众的感受。想要留住粉丝，要把工夫下在平时的一言一行、一举一动，做到"润物细无声"，而不是在粉丝想要离去时过分挽留。如果主播表现得过于执拗，还可能会引起更多粉丝的不满，那就得不偿失了。

第七篇

变现才是硬道理

主播做爆款直播，获取巨大的流量，最终的目的是利用这些流量来获取利润。变现才是硬道理，如果不能将流量变现，那流量也就失去了它的价值。

第三十二章

流量变现五大方法

▶▶ 第一节 直接带货，激发粉丝购买力

"直播带货"是2020年的年度热词之一。对于有自己产品的商家和企业，或者是专门为商家和企业做带货的主播来说，用直接带货的方式来激发粉丝的购买力，是一种非常好的变现模式。

直接带货时所获得的流量可以直接通过产品销售的方式进行变现。如果主播拥有很高的人气，能够吸引到很大的流量，当这份流量和热度转化为实际销售时，销量就会非常可观。

观众和粉丝现场进行商品购买，这就带给了主播和商家、企业非常实际的现金流，而想要让这个现金流变得更大，就要想办法让观众和粉丝愿意去购买产品。要达到这样的目的，其中有三点是很重要的。

第一点是商品的质量和价格。商品的质量如果不过关，在带货之后可能会出现纠纷，影响主播的信誉度，如果情况严重的话，主播还可能会吃官司。所以在进行带货之前，主播应该确认商品的质量没有问题。另外商品的价格，低价是吸引观众和粉丝下单的利器。网购和直播带货都是依靠低价来

吸引买家。

第二点是有一个足够吸引人的标题,让观众一看到标题就想点进直播间一看究竟。这样的标题应该简单明了,重点突出,让人能够看到这次直播带货的闪光点,如超低的价格、商品质量特别好、限时秒杀等。除此之外,将商品的特点用一种新奇的方式表达出来,也是不错的标题方向。

第三点是在直播过程中设置一些调动观众和粉丝积极性的内容,如用一些新奇的方式展示商品的特性,限时发放一些优惠券等。

第二节 植入广告,产生广告效益

有流量的地方就可以做广告。对于一个人气高的主播来说,直播时往往能够吸引巨大的流量,那么他的直播间自然也是做广告的绝佳场所。

相对于其他变现方式来说,植入广告的方式算得上是一种非常简单又直接的变现方式了。主播只需要在自己的直播间植入一些广告,就可以收到商家给出的广告费,整个过程简单又方便,可以说是举手之劳。

一般情况下,广告可以分为硬广告和软广告。

硬广告就是将广告直接地说给观众,也就是内容即广告。平时我们在电视上看到的广告,大部分都属于硬广告。硬广告一般会受到观众的抵触,因为他们第一感觉往往是自己的时间被广告浪费掉了。但在当前这个信息高度发达的时代,广告的作用是巨大的。即便是再"硬"的硬广告,只要能够经常出现在人们的眼前,那么广告当中的商品也会让人印象深刻。无论一开始观众对这条广告的感受是怎样的,到最后一般都会记住广告当中的商品。因此,在直播间植入硬广告,只要能够持续一段时间,往往可以收到很不错的广告效果。但主播应该注意,一场直播当中硬广告的数量不宜过多,否则容易引起观众和粉丝的反感。

软广告一般指通过一些不经意间让观众看到的方式植入的广告，比如电视剧当中主人公使用的手机品牌、车辆品牌等，都属于软广告的范畴。主播如果要做软广告，可以将商品摆放在自己的直播间显眼一点的地方，如果是衣服可以穿在身上等。当观众和粉丝注意到商品时，就介绍一下。有时候，软广告的这种"不经意"的特点，反而更能引起人们的好奇，广告效果也特别好。

第三节　提供课程或服务变现

在直播间提供课程或服务，也是一种非常常见的直播变现方式。我们在某音或某手上经常能够刷到讲课的主播，直播间的观众往往有很多。服务类型的则是在线给观众解决一些问题，这时候主播应该表现得足够专业，对于观众的问题也能做出合理的解答。

人们愿意购买一件产品，他们买的是产品，但目的是解决自己的问题。几乎所有的大企业都在想办法帮顾客解决问题，而不仅是制造产品。越大的企业，给顾客提供的解决问题的服务越多，给顾客的解决方案越丰富。有的企业甚至还会帮助顾客做深度分析，把顾客潜在的需求也给解决了，这就是放眼未来的企业。

顾客有问题去解决，没有问题发现问题也要解决，这就是好的企业要做的事。小企业生产产品，大企业提供解决方案，大企业只做一件事，就是帮客户深度地、多维度地、透彻地解决问题。

服务业在当前是一个非常重要的行业，直播也要有服务意识，谁能在服务上做到极致，谁就有未来，不懂服务就没有未来，未来不需要买卖，买卖都是顺带的事。服务就是让消费者有安全感、舒心、放心、省心、开心。

第四节　让观众愿意打赏

在直播当中，粉丝送礼物是很重要的一种收入方式。对于大多数不做线上生意的主播来讲，他们的收入来源大多都是粉丝送的礼物。粉丝送礼物变现是某音直播的重要价值，也是很多主播的经济来源。

在做直播时，主播会想方设法地赢得观众的喜爱，让观众变成自己的粉丝，给自己送礼物。通过这种方式来获得收入，让自己的这条直播之路可以顺利走下去。在直播的众多价值当中，粉丝送礼物的这个价值大概可以算是对主播们影响最为广泛的一条价值。

虽然粉丝送礼物对于很多主播来说是主要的收入来源，但如果直接向观众要礼物，则是不可取的。直接向观众要礼物，往往显得太过功利，会引起观众的反感，反而不容易要到礼物。主播应该用各种方法去赢得观众的心，让他们心甘情愿给你送礼物。当然，一些技巧的使用也是必要的，通过一些委婉的方式表示自己需要一些礼物，比如生活太艰难了。当观众被打动，或者觉得你很辛苦，应该送给你礼物表示一下的时候，他们就会主动送出礼物了。

第五节　导流变现

近年来，电商平台对实体店的冲击越来越大，各种购物APP也纷纷占领人们的手机，实体店受到了更大的冲击。现在直播火起来了，一些实体店开始使用直播引流，将直播获得的流量引导到实体店，进行导流变现。

2020年，"秋天的第一杯奶茶"这个词条在网络上突然爆红。在这个热词爆火的同时，线下的各个奶茶店销量明显增加。这就是将网络流量引导到实体店的典型案例。

现在直播备受关注，要想把实体店做好，可以利用直播作为辅助。用直播进行导流，可以为实体店铺提供巨大的助力，甚至可以让你的实体店变成网红商店，吸引来无数的顾客。

到目前为止，直播产生过很多网红产品，也带火过很多网红店铺。在短短的时间里，网红店铺就吸引非常多的顾客，创造出销售奇迹。我们不一定要让自己的店铺成为网红店铺，但只要借助直播来宣传，就可以让我们的实体店铺得到很大的助力。

第三十三章

各类型直播的变现方法不同

▶▶ 第一节　娱乐直播主要靠打赏

娱乐主播主要是靠打赏来变现的,这就要求主播和粉丝之间的关系要很好,而要达到这种目的,主播的情商应该要高一些,并且多和粉丝进行有效的互动,让粉丝把主播当成最好的朋友愿意给主播打赏。

粉丝是娱乐主播最为宝贵的财富,娱乐主播将流量变现,最重要的就是把吸引来的粉丝所产生的流量价值变现。主播和粉丝的关系越好,粉丝就越愿意支持主播,越愿意为主播买单。娱乐主播和粉丝关系越好,变现能力也就越强。

那些人气很高和粉丝关系很好的明星,一般都是经常和粉丝互动的。这些互动包括在微博上发信息、参加各种综艺节目、在线下组织粉丝见面会、做直播互动等。这样的明星和粉丝的联系更紧密,粉丝愿意为他们买单。而有些明星很少和粉丝互动,他们的粉丝就不如那些经常活跃在粉丝视线中的明星热情,变现能力相对也要差一些。

娱乐主播想要和粉丝拥有更好的关系,让自己的变现能力更强,也应该积极和粉丝互动。娱乐主播不但要和粉丝互动，还要在互动时真正打动粉丝的心，让粉丝和自己亲密无间。这样，娱乐主播对粉丝的影响力就会很大，变现能力也会变得非常强。

第二节 游戏直播可以卖周边

做游戏直播的主播，可以卖一些游戏的周边产品，比如键盘、鼠标、游戏公仔、印有游戏图案的衣服等。

游戏主播一般靠技术或者有趣的游戏内容来吸引观众。通常他们的粉丝是年轻人，对于新鲜事物有充分的兴趣，主播可以利用他们的这种兴趣打造一些网红产品。

一个人想要成为网红，通常需要进行各种包装。产品也需要包装，否则很难成为网红产品。

网红产品一定是进行过精心包装的。只有通过精心包装，才能在人们心中留下特定的印象，成为受到更多人喜爱的产品。三只松鼠就很会包装，无论是具体的包装袋，还是在一些产品理念上的包装，它都做得非常好。

在做直播营销时，要努力包装自己的产品，把它打造成网红产品。

现在的电商那么发达，人们可以很轻松地购买到同类型的各种产品，他们为什么偏偏要选择你的产品？答案就是你的产品与众不同。把自己的产品打造成独特的网红产品，你的营销工作就很好做了。

在游戏直播时，用一些能够引起大家关注的事情，让你的周边产品有热度，同时你再注意一下产品的质量以及产品的理念，你也可以把游戏周边产品打造成网红产品。

第三节　知识类直播卖课程

通常情况下，主播如果做的是知识类的直播内容，就可以卖课程来变现。无论是教人唱歌、教人画图，还是教人其他的技能，都可以通过卖课程来获得收入。

观众想要学什么，在于他们在哪个方面有痛点。寻找顾客的痛点不是件容易的事。但在信息技术高度发达的今天，在大数据、云计算已经在很多领域应用的今天，寻找顾客的痛点变得比以前容易很多。

现在人们对于学习都愿意付出时间和金钱，所以直播课程的热度一直都很高。各行各业都有直播卖课程的。有的主播直播教人唱歌，有的主播直播教人做饭，有的主播直播教人数理化，有的主播直播教人做主播。

各种各样的直播教程都有，各种各样需求的观众也都有。人们都说活到老学到老，直播卖课程会一直有它的一份市场，不会过时。只要你拥有某一方面的知识或技能，就可以尝试通过卖课程来变现，因为知识就是财富。

第四节　电商直播直接卖产品

电商直播一般就是直接卖产品了。这时只需要把好产品的质量关，然后就是将价格压低了。

2020年是个特殊的年份，很多大品牌、大商家都开始做直播带货。

董明珠在直播带货时，一场直播就卖出了几亿元的产品，效果惊人。

雷军经常做直播带货，在这方面也自然驾轻就熟。小米公司刚开始那几年，公司的产能不足，很多人想买一部小米手机却买不到，小米手机成了

"一机难求"的网红手机。直到今天,小米手机依旧受到很多年轻人的喜爱,所以它是一个名副其实的网红产品。

任正非一向比较低调,但也有过直播的情况,而且在他直播的时候,华为在网络上的人气比其他时候高出很多。

电商直播卖产品,其实绝不仅是在直播时卖出产品那么简单,更重要的是提升了品牌的知名度,为以后的销售增长打下了很好的基础。

电商直播卖产品,对一个品牌有很深远的影响,它不仅是卖出了产品,也将品牌和企业文化卖给了观众,让观众对整个品牌更加认可,对企业也产生了亲切感。这种引流作用是其他营销形式无法比拟的。

▶▶ 第五节 美妆直播可带货也可教学

"爱美之心人皆有之"在李某某的直播火爆全网时,美妆类直播也跟着火了起来,众多美妆类的主播也都因此受益,提升了自己的流量。

美妆类的主播在变现时,可以选择卖产品,也可以进行美妆类的教学。无论是卖产品还是进行教学,都有很多女性观众喜欢看,同时她们也愿意为了自己的美付出一定的金钱。

传统的销售就是单纯地将商品卖给消费者,消费者购买产品之后,往往和销售者之间就断了联系。直播营销和传统营销不同,消费者可能是主播的粉丝,他们在购买产品以后,一般并不会离去,而是继续留在直播间看主播的直播。当他们在使用商品的过程中遇到问题时,就会向主播咨询。因此,只当一个冰冷的销售是不够的,美妆类主播应该做贴心的顾问,帮顾客解决问题。

第三十四章

变现要快，但不要急

第一节　从做直播开始就要去变现

相比其他营销方式，直播的营销总是非常精准，并且还可以快速获得目标用户。原因在于直播可以将有共同喜好的人快速聚集到一起，然后向这些人进行营销就非常方便了。

实际上，直播营销能够迅速崛起，除了因为它能带给用户很好的观看体验之外，还有一个非常重要的原因就是它能够精准定位目标用户，并用精准的内容投放赢得目标用户的喜爱。

主播如果能从一个默默无闻的小主播，变成一个知名度很高的网红型主播，他本身的价值就提升了很多。他的粉丝会更多，他所创造出来的流量会更大，同时，他的商业价值也会变得更高。总之，当一个主播走红以后，他的整体价值就得到了很大的提升。

当一个主播成为网红以后，他的价值会成倍提升，但这种价值就像品牌价值一样，是一种无形的价值。如果主播不能将这种价值变现，那么等过两年不红了，这个价值就付之东流，再也无法变现了。

因此，一个主播在红了以后，应该让自己的价值尽可能多地变现，这样才不会浪费自己的价值。趁着有名气、有粉丝，要让无形价值变成真实的价值，将自身的价值充分挖掘出来。

第二节 变现的心态不能太急

变现是主播都想的事，变现要趁早，但是变现的心态不能太急。如果主播内心很急，观众往往能够从主播的语言和举止行为感觉到。这时他们会怀疑主播对他们并没有感情，只是想要拿走他们钱包里的钱，甚至有可能会觉得主播是想骗取他们的钱。

变现要从做主播开始的那一天起就规划和实施，但心态是不能太急的，要慢慢去做。等到真正能变现，并且变现到很多财富时，应该是细水长流的。主播不要想着一夜暴富，那并不现实。做主播和做其他传统行业一样，也是需要慢慢积累，最终才能水到渠成地赚到更多的钱。

主播的心态越平稳，越不急，观众和粉丝对主播的情感就会越多，这会让他们更愿意去相信主播。建立了信任的关系之后，赚钱是迟早的事，不必急于一时。

主播和粉丝及观众搞好关系，产生了情感共鸣，流量变现能力只会越来越强。与此同时，主播能够和粉丝保持良好的关系，直播时也就总是有很多人支持，粉丝也会越来越多。从长远来看，这是一件对主播非常有利的事。

第三节 潮流让你更快变现

在热点内容越来越能影响人们的行为和思考方式的今天，没有点潮流元

第三十四章
变现要快，但不要急

素，是很难被注意的。潮流总是对人们有非常大的推动力，因此，在做流量变现的时候，紧跟热点，能够让流量变现能力更强。

有人可能会想，与其紧跟热点，去追赶潮流，不如自己创造潮流。创造潮流很难，除了要有强有力的幕后推手外，还得有合适的时机。很多引领潮流的东西都是天时、地利、人和集齐后才能出现的，现象级的东西可遇而不可求。

当然，潮流不仅是新闻或网络上的内容，也是现实生活里的内容。有些潮流我们不需要去看别人，自己就可以跟上去，比如节日到来的时候，你不需要看别人，就知道应该怎样去赶上这股过节的潮流。

人与人之间有趋同的意愿，排斥不同的，亲近类似的。跟上潮流，就和大多数人趋于相同。然后，这些人把你当成"自己人"，在你这里消费就变成了理所当然的事。

当我们紧跟热点，站在潮流之上时，我们的流量变现能力就会更强。因为在这个时候，我们已经和消费者们合拍了，甚至在情感上融为一体了。

第三十五章

变现策略要定好

▶▶ 第一节 专注少数产品会更好

专注于少数产品，能够让主播有足够的精力将营销做好，是个很不错的选择。当你在直播时将太多的产品介绍给观众，观众可能抓不住重点。更重要的是，直播时间其实并没有想象中那么久，你很难将很多产品介绍清楚。

如果能够专注少数产品，将少数产品真正让观众了解和喜爱，他们不但会关注和购买这些产品，同时也会去购买你的其他产品，或者是购买同品牌的产品。这是一种连锁反应，你只需要从一两件产品突破，就能俘获观众的心，获得更好的营销成果。

要将流量转化为成交量并不容易，有不少网店的流量虽然不少，转化率却一直不高。这是因为产品没能对用户产生真正的吸引力，用户对于产品的感觉还只是停留在好奇的阶段。如果能够把直播营销做好，用户对产品的感觉就可以从好奇变为喜爱，进而助力产品转化。

用户一般不会很快就对产品有特殊的情感，对产品产生喜爱总是需要一个过程。专注于少数产品，在直播通过短视频让用户对产品有更多的了解，也就给了用户慢慢喜欢上产品的时间和机会。

第二节　用福利吸引用户下单

主播会收到粉丝送的礼物，这是非常正常的事情，很多人也都把这当成是理所当然。但是给粉丝送礼物的理念就不是每个人都有了。

有些主播会觉得当然应该是粉丝给我送礼物了，怎么我还要给粉丝送礼物呢？其实主播如果能够把握时机给粉丝送点礼物，能够提高粉丝的积极性，同时提升自己的关注度，是一件非常有好处的事。

大多数情况下都是粉丝再给主播送礼物。主播能感受到粉丝对自己的热情，但粉丝不一定能够感受到主播对他们的爱，就算有感觉，那种感觉也不是特别强烈。如果主播反过来给粉丝送点礼物，这种行为看起来好像是"违背常理"，但也正因如此，粉丝会觉得主播对他们特别好，从心里对主播更加认可。这样一来，他们也更愿意支持主播，并反过来给主播送礼物了。

礼尚往来的道理人人都懂。在做主播的时候，其实也是要明白这个道理的。粉丝给主播送礼物虽然看起来天经地义，但是如果只是粉丝给主播送礼物，粉丝内心多多少少会有些不平衡。主播给粉丝送一些礼物，粉丝的内心就会平衡得多了，而且他们也会因此对主播更加喜爱，认为主播心里真的有他们，也在为他们着想。

把握时机给粉丝送一点礼物，主播不但能够得到粉丝更多的爱，还可以提升自己的关注度，让自己变得更火。如果你还没有用过这种方法，一定要去试一试。

第三节　通过对比体现自身产品的价值

通过对比能够体现出自身产品的价值和特点，让人们更愿意去下单购买。

消费者要记住一个产品，这个产品不一定是最优秀的，但它一定是有价值的。人们要记住一个各方面都中规中矩的产品并不容易，但如果一件产品在整体上虽然算不上最优秀的，但在某些方面特别突出，往往能赢得消费者的青睐，同时也被他们一下子就记住了。

独特的价值是能给人留下深刻印象的。各方面都不突出，就等于是没有记忆的点，别人很难对你的产品记忆深刻。在宣传产品时，可以通过对比体现出自身产品的价值和特性，给观众留下深刻印象，也能让你的产品和其他产品区别开来。对于宣传工作来讲，了解这一点非常重要。

很多品牌并非没有价值，也并非没有卖点，只不过不懂得通过对比让人们看到这个价值。专业人士认为的一些司空见惯的不值一提的点，对于消费者来说却很有可能是极大的卖点。在直播带货时，要注意通过对比彰显自己商品的价值和特性，这样才能吸引更多的人，这样的营销会有更好的效果。

第四节　让观众切实看到效果

干货和切实的效果才是吸引观众下单的不二法门。想要让人愿意为你的知识付费，你应该多提供一些干货，这样才能够受欢迎。

小周在直播平台上销售防脱发的产品。他在直播中会讲解一些日常生活的注意事项，以避免大家陷入脱发的困境中。如果现在已经脱发了，也不用太过担心，小周也会讲一些他的产品的使用方法，以及在使用产品的过程中应该注意在饮食和生活习惯上怎样配合的问题。由于小周的讲解非常专业，用户在看了小周的直播之后能学到很多知识，所以他们都非常喜欢看小周的直播。

小周知道现在很多人的生活压力很大，脱发也是很多中年人甚至年轻人的烦恼，人们对于脱发的相关知识是很感兴趣的。

他的这种知识付费的方法取得了不错的效果。在他直播的时候，给他送礼物的人变得多了起来，大家在送礼物的时候都表示希望看到他的下一期直播内容。在大家的支持和鼓励下，小周做直播的积极性也更高了。

当用户看到你的直播之后能够有收获，他们就愿意观看，同时也愿意为此付费。上例中的小周能够在短视频当中讲很多防脱发的知识，每一个短视频都有干货，所以才赢得了用户的喜爱。

直播的时间很短，一般讲解一个知识点就够了。不要长篇大论，要少而精。要讲解具体的知识点，让用户看到干货。如果在讲解干货的同时再加上一些风趣幽默的语言，效果就更好了。

第三十六章

对黑心钱说不

第一节 偷税漏税绝不能做

直播和其他行业是一样的,在通过直播赚钱的同时,也需要向国家缴纳相应的税款,偷税漏税绝不能做。

近年来,各大直播平台站到了风口上,网红主播们也迎来身家三级跳,年收入动辄几百万元、上千万元。而很多高收入的主播"新贵"竟然连个税都没交。2017年3月9日,北京市朝阳区地税局披露,某直播平台2016年支付给直播人员的收入高达3.9亿元,但未按规定代扣代缴个人所得税,最终补缴了税款6000多万元。近年来,朝阳区税务局运用大数据辅助税收征管,重点针对新兴行业业态堵塞税收漏洞。(《北京日报》)

近年来"网红经济"兴起,网络直播成了"网红经济"的增长点,不少网红年入几百万元、数千万元,有的收入甚至比一些公司所赚取的利润还高,网红甚至成了一夜暴富的代名词。但"网红经济"是消费新业态,一些地方的税务部门却失于对他们的税款征缴,网红在赚得盆满钵满的同时,却很少被征收个人所得税。

在网络直播这个行业还没有完整的规范时，有些网红主播打法律的擦边球。但现在不同了，直播受到全民关注，而网红其实也已经和明星一样，要接受社会的监督。在做直播时，不能做违反法律的事情。如果有偷税漏税的情况，直播生涯肯定就到尽头了。

第二节　敷衍观众的钱不能赚

在做直播的时候，欺骗观众的钱是不能赚的，敷衍观众的心态也是要不得的。如果你在做直播时很敷衍，那么细节方面就不太可能做得很好。观众虽然看不到你做直播时的样子，但是他们能够从你的作品中读到你的态度，能从短视频的细节中看到你的敷衍。他们不会爱上这样的一个主播，即便他们以前是你的粉丝，也会在你的这种态度下逐渐疏远你。

当一个人在工作中态度敷衍时，他的积极性会降低，他的工作效率会变差，他的创造力也会大减。如果你在做直播的时候敷衍，你制作出来的短视频不可能特别好。即便你对做直播的方法和技巧已经烂熟于心，你敷衍的态度还是会在你的短视频中显露出来。所以不要心存侥幸，不要偷懒和敷衍。如果你的态度是敷衍的，不如别去创作。

在任何时候，做直播都要用心。假如你在生活中遇到了一些情况，无法用心去做短视频，你可以先暂停一下，不要用敷衍的态度去创作。记住，如果敷衍就不要创作，如果创作就一定要用心。

第三节　侵权行为不能有

直播行业越来越规范，主播如果挪用或抄袭其他主播的内容，也有可能会被告侵权。

其实，当一个内容在网络上火起来时，很多主播都会去模仿。但是一定要注意，模仿可以，但不能去挪用和抄袭。实际上，与其去模仿别人，不如自己创新。而且在模仿时不要去模仿形式，而是应该把握住它的核心要素，去深入挖掘这个内容能火的根本原因。

模仿优秀的直播内容或短视频能够借鉴它们成功的经验，这对于获得流量来说也是有帮助的。但是模仿不可能让你真正成长起来，反而有可能会使你一直处于那些优秀的内容的"阴影"之下，无法变得和它们一样优秀。

与其模仿，不如去创新。虽然创新不一定每一次都能取得好的效果，但不去创新就永远不可能变成优秀的主播。在创新的过程中，即便失败了，也会获得非常宝贵的经验，这和模仿时所获得的经验不同，它更为宝贵。

在最初做直播时，模仿一下优秀的主播，是为了熟悉直播的方法，掌握一定的经验。但真要成为真正的大主播，只靠模仿是不行的，一定要自己去创新，找到属于自己的核心方法。

不要害怕创新，也不要担心创新的路上会有多少艰难，等你找到了属于自己的路，那将是你独有的特色。只要我们敢于去创新，我们终将取得比单纯模仿更大的成就。

▶▶ 第四节　违背道德的内容要拒绝

主播属于公众人物，即便是不太红的小主播，也有着不容忽视的影响力。因此，除了要遵守法律法规外，主播的行为和直播的内容还要符合道德的标准。

尽管道德不应该成为绑架人的一种存在，但对于严格要求自己却是很好的准则。大众普遍的道德标准，也正是大部分人心中的喜恶标准。主播如果平时能用道德标准严格要求自己，肯定会受到粉丝们的喜爱。俗话说"小胜靠智，大胜靠德"，有了德行，一定能走得更远。

主播如果做违背道德标准的事，即便法律法规没有明确规定，打了擦边球，但终究不是什么好事。如果借助于此而火了起来，是一种不接地气的火，虽然表面上可能有了人气，但实际上反对和讨厌的人会更多。

做违反道德的事，是公众人物的大忌，也是主播们的大忌。那些人气特别高的当红明星，一旦出现了道德问题，瞬间就人气跌至谷底，更不要说网红主播。

因此，主播一定要有自己是公众人物的觉悟，以严格的道德标准来要求自己，给众人做出榜样，不要做靠做违反道德的事情火起来的"跳梁小丑"。

第八篇

多方面突破，延续爆款

在网络上，一个热搜事件一般只能火上两三天的时间。同样的道理，主播在网络上做直播，即便是做出了爆款，热度也容易降下去。因此，要学会多方面突破，将爆款延续下去。

第三十七章

在内容和渠道上创新

▶▶ 第一节 新鲜内容及时跟上

新鲜的内容一般都会吸引住观众的眼球,即使是我们直播的内容没有变,但还是要用新鲜的内容来包装一下,让它显得和时代接轨。新鲜的内容往往是需要包装的,而这种包装,要么是在直播的形式上,要么是将一些时事热点植入直播的内容当中。

包装的形式非常多,几乎每一种行为都可以称得上是一种包装形式。我们每个人都会在别人的眼中形成一种印象,这种印象其实并不一定是最真实的我们,它都是我们包装之后的产物。所以能够在别人眼中产生印象,对我们的形象造成影响的内容,都可以视为包装。

有些主播很擅长利用新鲜内容来包装自己的直播。当一个热点在网络上火起来时,他们可能会和大家讨论一下这种现象,也可能会参与进去(如模仿某种行为、搞怪)。当观众被新鲜内容吸引时,他们很愿意去讨论和参与这样的活动,因为这样大家都可以找到共同语言。

直播时及时跟上新鲜内容,主播将会更受粉丝的喜爱,而主播的直播内容也更容易被新的观众注意到。

第二节　渠道运用紧跟潮流

主播在直播时，一般都会选择一个人气比较高的平台。但是，随着时间的推移，可能会有更多平台冒出来，也会有更高人气的直播软件出现。这时，主播也可以到其他平台去做一下直播。

网络观众本来就没有太大的固定性，往往一个观众会同时拥有几个直播软件的账号，同时去关注多个直播平台。当他们在这个平台看到主播，在另一个平台也看到主播时，会产生亲切感。如果他们只在一个平台看到主播，当另一个平台火起来时，他们可能会在关注另一个平台的同时，把这个平台和主播都抛之脑后了。

主播应该是紧跟潮流的，因为毕竟处在一个瞬息万变的网络环境中，在网上做直播。如果主播不能紧跟潮流，合理运用不同的渠道，寻找人气更高的平台，可能会慢慢被新的时代潮流抛弃。

第三节　原创内容独具魅力

对于直播来讲，创意实际上是极为重要的，它就像是直播的灵魂。几乎每一个火起来的大主播，都有属于自己的原创内容。正是因为这些原创内容，给人一种独特的感觉，使他们能够独具魅力，被更多的观众发现并喜爱。

一个充满创意的直播内容往往会赢得观众的喜爱，就像黑夜里的萤火虫一样闪闪发光，它的营销效果也会非常好。一个没有创意的直播内容放到众

第三十七章
在内容和渠道上创新

多直播内容当中，就好像是一粒沙子融入沙漠，再也找不到了，营销效果往往也不会好。

在做直播的时候，一定要勤动脑、多思考，用创意来包装它。一个有创意的直播内容不但能够得到观众的喜爱，还可能会引发他们的自主传播。你直播时的一个创意，有可能成为流行的内容，网友口中的段子，它的传播效果和营销效果都会很好。

直播虽然谁都可以做，但要把直播做好，确实需要花费心思和时间。如果你不是专业的，你就应该比别人付出更多的努力，有更多的创意。

第三十八章

各平台多管齐下

▶▶ 第一节 某手、某音、某鱼、某站同时做

想要让别人看到并不容易，你应该在多个网络平台撒网，这样才能有更多的机会捕捉到更多的观众。

如果是大品牌做直播营销，那就可以在各个网络平台做一些广告。现在很多APP在刚进入时，都有一个广告的界面，持续几秒钟之后才进入用户界面。在这个初始界面做广告，通常能够让很多人看到。

只在一个网络平台上做直播，这没有问题。但是你的直播信息应该出现在更多的平台上，让更多的人有机会知道你。现在有不少主播在某音、某手、某鱼、某站同时都有账号，但主要经营其中一个，这就是多平台发展的策略。在每个平台都能吸引到观众，自然也就有利于自己的推广。

现在的网络平台，都在手机上有APP。人们几乎已经离不开这些APP，只要能够占领这些APP，你很快就会被更多的人知道。当然，要占领这些APP很难。每个APP都是一个平台，你必须出类拔萃才会被它们推荐，这在每个平台都一样。

第二节 音频平台也是很好的

在视频直播火爆的同时，也有些人不爱看视频，专爱听音频。特别是一些平时工作眼睛比较累的行业从业者，对视频可能没有那么大的兴趣，反而更喜欢音频。

哪里有流量，哪里就是一个好的宣传平台。音频平台其实也是一个很好的宣传平台。现在不管是酷狗、QQ音乐，还是网易云音乐，又或者听书软件，往往都有很多评论内容。这些评论内容动辄几万甚至十几万。如果能够在评论当中进行适当的宣传，也可以产生非常好的效果。

移动互联网时代是一个粉丝经济的时代，同时也是一个流量为王的时代。粉丝和流量能够让营销如虎添翼，让营销效果变得更好。只要有粉丝的地方，就有流量，也就有经济价值。主播的思维不应该局限在视频平台，要将各种平台都考虑进去。不管是什么平台，只要能够引流，就是好平台。

第三节 百度、微博也可选择

百度是很多人都在使用的搜索引擎，它拥有很大的流量，在百度做推广还是很划算的。做百度推广，一般就是花钱买一些关键词。看起来这似乎非常简单，但也需要技巧。关键词买得好，这钱就花得值，甚至可能物超所值；关键词没买好，可能会白花很多冤枉钱。如果你有一个好的团队，可以做关键词搜索推广。这时，从选择关键词开始，就得仔细考虑。

如果你的团队水平没有那么高，你可以不用关键词搜索推广，选一个更容易的方式，在百度新闻上推广。百度新闻有不少人会看，新闻是每天都更新的，所以它不会过时，人人都有可能去看那些比较火的新闻内容，不分男女老幼。

百度的新闻稿要想做得好，就必须根据自己的行业来做，具体情况根据行业分析。百度新闻费用不高，基本每个人都能承担得起，不用担心。

你在微博上建立了账号，人家搜百度的时候，搜你的企业，这个微博也能显示出来。多个渠道，让别人一搜你就能搜到，甚至想找就能找到你，就能从网络上知道你的联系方式。

微博运营也需要有专业的团队。现在的明星大都有自己的微博，但是这微博不是他们自己在经营，也会有团队运营。有时候他们自己想发的内容不能发，要考虑影响，而有些内容他们必须发，就得统一文案之后发布。

我们做直播营销，也不能像普通用户那样在微博上胡乱发布内容。有个团队策划，能够将微博充分利用起来，起到更好的推广作用。

第三十九章

跨界寻求新突破

▶▶ 第一节　和其他主播联合形成规模效应

娱乐通常需要靠合作来产生更好的效果，吸引到更多的观众，达到1+1大于2的效果。因此，那些我们经常在电视上看到的娱乐节目，它们基本都会请不同的名人、明星来做节目，以产生对不同观众的吸引力，让节目变得更火。

直播的道理也是如此。想要让直播更火，就不能总是单打独斗，可以找一些人来合作，让优势互相叠加，产生更强的优势。

商家或者直播平台请明星合作，来提高直播的宣传效果，或者让自己的直播平台名气更大。普通的主播在做直播时，也应该寻求合作。有不少新人主播，在刚开始做直播时没有名气，就去其他已经比较有名气的主播那里送礼物，让有名气的主播在观众面前推荐一下自己。这样一来，新人主播的人气就慢慢变高了。

不仅新人主播要寻求合作，那些已经成名的网红主播也会和别人合作，来增加自己的人气。

想要让自己的直播更火,就要学会和别人合作,将大家的力量聚集起来。连成名之后的主播也要和别人合作,还没成名的主播当然就更应该寻求合作了。

直播不是单打独斗,懂得寻求合作,将能获得更多的力量,在直播的道路上走得更好也更远。寻求合作,是商家、直播平台以及主播都应该学会的事。

第二节 跨界寻找新突破

移动互联网时代,各行各业都在玩跨界,直播本来就可以用"直播+"来加上各种各样的内容,如果不玩跨界,真是太可惜了。因此,跨界直播才是"直播"的最终极打开方式。

1."直播+婚恋"

虽然网络、通信各方面都已经非常发达了,但年轻人的婚恋问题却依旧是个难题,也受到很多人的关注。这一点,从这些年来江苏卫视婚恋交友节目《非诚勿扰》一直都很火,就能看出来。

直播的出现,将给年轻人的婚恋问题带来新的转机。婚恋网站和直播平台结合起来,将给年轻人提供更为广阔的空间,平台也因此创造出更多的价值。

"直播+婚恋"可以解决婚恋网站的痛点,又能够给直播网站带来更多的流量,双方互利共赢,皆大欢喜。

2."直播+旅游"

户外直播一直深受网友们的喜爱,因此旅游行业如果和直播结合起来,肯定也有巨大的商业价值。各旅游企业明显都意识到了这一点,纷纷做起了"直播+旅游"的模式。

"直播+旅游"和宅在屋里做直播的感觉完全不同,又比户外直播有更多的新鲜感,所以必定有广阔的市场空间,取得很好的发展。

▶▶ 第三节　突破圈子,全面谋发展

相比其他行业来说,直播最大的优势就是和观众更加贴近,能够成为观众日常生活中的一个"伙伴"。所以,不管直播行业怎样管控、怎样洗牌,它一定是有自己美好的未来的,因为观众需要它,它拥有市场。

某鱼直播的创始人陈少杰曾说过:"直播行业在经历了资本的大量涌入之后,我们对于某鱼的模式和未来做了重新的思考。直播存在着内容和工具的一体两面,某鱼的未来不应该只是一个内容的提供商,而是应该用直播让尽可能多的人和事发生联系。"

在这种理念的指导之下,某鱼开始了自己的"直播+"战略。直播在经历过时间的沉淀之后,它的内容以及形式都会不断升级,而不断突破圈子,和各种行业结合起来,是直播发展的必然,也是直播未来的方向。

用直播来营销,那只是建立好直播生态系统之后的一件小事情,和直播行业的发展相比,它显得没那么重要。在做好生态之后,营销只是举手之劳。

直播的未来是美好的,做好了直播的生态系统,让直播不断突破圈子。这样一来,直播就会一直受到用户的青睐,拥有长久的鲜活的生命力。

第四十章

打造产业链

▶▶ 第一节　将直播和卖货的整个链条打通

这些年电商的崛起，虽然秋风扫落叶一样将实体店打得七零八落，但它却存在着一些先天缺陷，比如用户在购买之前对产品的了解不够、用户在购物过程中互动体验差等。可以说，与实体店铺可以和顾客沟通互动相比，电商就像是把商品往那一放，"直钩钓鱼，愿者上钩"。

直播的出现，让电商的这些问题有解决的可能，只要直播和电商结合起来，就能让网上销售变得更加完美。某宝一直在直播卖货这方面做得很好，京东也在不断地做直播卖货。现在几乎所有的电商平台都在和网红合作，将直播和卖货的整个链条打通了。

有人气的网红基本都在做电商，将直播和电商结合起来的好处已经尽人皆知。有的网红主播本身就是模特，在拥有了人气之后，转而在直播中推销自己代言的产品。与此同时，随着人气上涨，模特本身的身价也在上升，代言时获得的薪资也就更高。

近几年的"双11""618"等各种电商促销活动，销量前10名的店铺中，网络红人的店铺一般都能占到一半以上。有的网红店铺，开张只有短短的两个月，就已经达到了5钻水平，其火爆程度不可思议。有些网红店铺在推出新产品时，交易额甚至能够达到千万元的级别，都快能和品牌官方店铺相媲美了。从整体来看，某宝的网红店铺数量也在以极高的速度迅速增加。

第二节 娱乐与卖货共同发展

在网络上，搞笑的娱乐内容往往能让人捧腹大笑，很受网友的欢迎。因此，适度的搞笑有时候可以让娱乐产品销量暴增。在这个短视频火爆的时代，一本正经不一定管用，搞笑却有可能出奇制胜。

传统的电商营销可能对搞笑是比较忌讳的，电商都不愿意去搞笑。但是，现在时代已经发生了改变，搞笑是很受年轻人喜爱的。搞笑不仅轻松，还能拉近电商与消费者之间的距离，仿佛彼此是可以开玩笑的朋友一样，在培养和用户的情感方面也有好处。

不过，需要注意的是，搞笑绝不能毫无底线地去搞笑，一定要适度。在搞笑的时候，价值观一定要正，而且不能做那种惹人反感的搞笑。搞笑的内容一定不能触犯法律，也不能低俗。对于搞笑自己的产品，可以找一些无伤大雅的、轻松幽默的点来搞笑。

"砸核桃"是很火的一个网络词，以前人们都对诺基亚手机的质量非常认可，觉得它硬得简直可以拿来砸核桃。雷军在宣传小米的一款手机时，不但对手机进行了各项严格的测试，还用它来拍核桃吃。这种搞笑的娱乐宣传引起了广大网友的兴趣，这款手机的名声一下子也打响了。

很多搞笑的娱乐宣传，如果内容做得好，会很招人喜欢。而相关的产品则有可能会成为"网红"产品，销量暴增。

第三节 相关行业的广告接起来

现在直播行业越来越规范，主播和明星实际上已经非常接近了。明星们在接商业广告和代言时，一般都会选择和自己的气质比较搭或者和自己的作品内容相关的。主播也是同样的道理，在做直播的同时，可以将和自己直播内容相关行业的广告接下，这样就能在无形之中赚取很多广告费了。当然，只有当主播的人气很高时，广告费才会高。

比如，做摄影类教学的主播就可以做照相机之类的广告。但是，如果想要让广告的植入不那么"硬"，还是要想一些办法。这样既能够将广告做好，又不让观众觉得主播是收了企业的"好处费"，到这里来直播"骗"他们钱的。

有心的主播往往会巧妙地设计一个广告方式，让广告更容易被观众接受。有的主播不愿意去花心思，直愣愣地将产品推广给观众，不但容易引起观众的反感，还可能不被观众相信，营销效果反而不好。

主播应该清楚，就像我们在看电视剧时不希望被广告打扰一样，观众在看直播时也不希望主播插入广告。因此，接相关行业的广告，并不动声色地植入直播，才是上上之选。

第四节 教学内容做一做

直播行业在最近几年飞速发展，而教育直播也是直播的一种重要类型，它给在线教育注入了非常大的活力。教育直播和以往的在线教育相比，显得更加先进，它的互动性和灵活性都变得更强了。人们通过直播平台，可以看到老师的现场讲课视频，还可以和老师互动，这种感觉和在课堂上听老师讲课非常相似。

目前，我国的教育直播平台可以分成付费平台和免费平台两种。付费平台上的课程，需要支付一定的费用才可以观看，要求讲课的老师必须是正规的、有资历的老师。不过，为了吸引更多的人来听课，平台往往也会有一些免费的直播课来供大家观看。免费平台上的直播课可以免费观看，人们可以直接进入直播间听课。与付费的直播平台相比，免费的直播平台对讲课老师的要求相对宽松一些，主打"寓教于乐"的模式，让人们在轻松的氛围中学到一些知识。

李某某老师在某音有1300多万粉丝，深受粉丝和观众的喜爱。他的讲课内容比较广，从给孩子讲物理到微分、几何等。他在讲课时，往往将枯燥的知识和现实生活中的内容结合起来，让课程变得十分有趣。李某某老师的课程让很多人学到了知识，同时也对这些知识在日常生活中的应用产生了浓厚的兴趣。

老师在三尺讲台之上讲课，听课的人数最多不过百十人，而在网络上讲课，听课的人数则可以达到成千上万。如果一个老师有很多才学，通过直播平台来传递给学生，是个非常好的方式。而且，一旦火了之后，即便每个听课的人只付费一点点，收入也将会十分可观。